Aprende

a

Programar

Python

Ángel Arias

ISBN: 978-1495480683

Índice de Contenidos

Nota del Autor

Esta publicación está destinada a proporcionar el material útil e informativo. Esta publicación no tiene la intención de conseguir que usted sea un maestro de las bases de datos, sino que consiga obtener un amplio conocimiento general de las bases de datos para que cuando tenga que tratar con estas, usted ya pueda conocer los conceptos y el funcionamiento de las mismas. No me hago responsable de los daños que puedan ocasionar el mal uso del código fuente y de la información que se muestra en este libro, siendo el único objetivo de este, la información y el estudio de las bases de datos en el ámbito informático. Antes de realizar ninguna prueba en un entorno real o de producción, realice las pertinentes pruebas en un entorno Beta o de prueba.

El autor y editor niegan específicamente toda responsabilidad por cualquier responsabilidad, pérdida, o riesgo, personal o de otra manera, en que se incurre como consecuencia, directa o indirectamente, del uso o aplicación de cualesquiera contenidos de este libro.

Todas y todos los nombres de productos mencionados en este libro son marcas comerciales de sus respectivos propietarios. Ninguno de estos propietarios han patrocinado el presente libro. Procure leer siempre toda la documentación proporcionada por los fabricantes de software usar sus propios códigos fuente. El autor y el editor no se hacen responsables de las reclamaciones realizadas por los fabricantes.

Introducción

Todo a su tiempo

Así que no habéis programado nunca... A medida que avanzamos en este libro, intentaremos enseñaros a programar. **Vosotros** tenéis que leer *código* y escribir *código* (así denominamos a los programas). Veremos un montón de código. Para entenderlo tendreis que copiar este código, probarlo y observar que ocurre. Jugad y haced cambios. Lo peor que os puede pasar es que no funcione. Cuando estemos hablando de código que podreis probar este estará escrito de la siguiente manera:

```
##Python es muy fácil
print("Hola, mundo!")
```

De esta forma os será sencillo diferenciarlo del resto del texto. Cuando tecleis el código en vuestro editor, posiblemente este marcado en colores, estos pueden ser diferentes según el que utiliceis; no os preocupeis, esto no modifica el código siempre que lo copieis exactamente cómo se muestra aquí.

Las salidas por pantalla del equipo se indicarán con el siguiente formato:

```
Hola, mundo!
```

Tened en cuenta también que esto es una guía de Python 3.0, lo que implica que algunos ejemplos descritos en este libro no funcionarán en la versión 2.6 o anteriores. De la misma forma, puesto que Python 3.0 fue liberado el 3 de diciembre del 2008, algunas de las librerías extra todavía no han sido convertidas. Aun así, las diferencias entre ambas versiones no son especialmente grandes, por lo tanto, si aprendeis una, tendriais que poder entender programas escritos para la otra versión sin demasiada dificultad.

A menudo en los ejemplos habrá una mezcla de texto que teneis que escribir (que pondremos **en negrita**) y el texto que escribe el programa, mostrándose como se indica a continuación:

```
Hola!
Cómo te llamas? Juan
Puedes pasar, Juan
```

Tras estas aclaraciones estamos listos para empezar. Para poder programar en Python necesitareis el intérprete de Python 3.0 (el programa que hará funcionar vuestro código). Si no lo tenéis instalado, podeis visitar la web de Python **(inglés)** y descargaros la versión apropiada para vuestra plataforma e instalarla (Si estais usando una distribución GNU/Linux es muy posible que ya lo tengais instalado).

Instalar Python

Para programar en Python se necesita una instalación del intérprete Python y un editor de texto. Python viene con su propio editor integrado (IDLE), que es muy agradable y totalmente suficiente para empezar a programar. A medida que se avance en la programación, es probable que cambie a algunos otros editores: como el editor Emaus u otro.

En la página de descargas de Python encontrareis diferentes paquetes de instalación para diferentes plataformas.

En este libro nos referimos a la versión 3.0 de Python y es posible que algunos de los programas aquí expuestos no funcionen correctamente en versiones anteriores.

Linux, BSD y usuarios Une

Si estais de suerte, Python ya estará instalado en vuestro hardware. Comprobadlo tecleando `python3.0` en la línea de comandos. Si veis algo parecido a lo que se muestra en la siguiente sección ya lo teneis instalado.

Si teneis que instalar Python, lo primero que debeis hacer es intentar utilizar el Gestor de paquetes del sistema operativo o ir al *Repository* en el que están los paquetes disponibles y obtener Python 3.0. Para complicar más las cosas podría ser que vuestra distribución no disponga todavía de Python (se lanzó en diciembre 2008) así pues quizás tengais que compilar Python desde cero después de descargar el código fuente.

Si es el primer caso indicamos, uno a uno, los pasos para compilar Python a Unix:

- Descargais el fichero .tgz (Utilizar el navegador para descargar el fichero tar comprimido con gzip de http://www.python.org/download/releases/3.0/)
- Descomprimís el fichero tar (Indicando el directorio donde lo habeis descargado):

```
$ tar -xvzf /Download/Python-3.0.tgz
... Lista de archivos que se van descomprimiendo
```

- Cambiais de directorio e indicais las órdenes de compilación e instalación

```
$ cd Python-3.0/
$ ./configur --prefijo=$HOMBRE/python3_install
 ... muchas líneas. Observad si aparece algún
mensaje de error ...
$ make
 ... más líneas.  Con suerte sin mensajes de error
Hopefully no error messages ...
$ make install
```

- Añadís Python 3.0 a vuestro *path*. Podeis probar, antes, especificando la ruta completa. Debería de añadir $HOMBRE/python3_install/bin a vuestra variable PATH del *bash*.

```
$ /python3_install/bin/python3.0
Python 3.0 (r30:67503, 29 2008, 21:31:07)
[GCC 4.3.2 20081105 (Red Hat 4.3.2-7)] where linux2
```

```
Type "help", "copyright", "credits" or "license"
for more information.
>>>
```

Las órdenes anteriormente descritas instalan python en el
directorio hombre. Si no empleais `--prefijo`, Python se instalará
en /usr/local .

Si quereis emplear el editor IDLE, hay que tener instalados tk y
tcl, y sus archivos de desarrollo; si no los teneis instalados durante
la ejecución del `make` se mostrará una alerta.

Usuarios de Mac

Desde Mac X (Tiger), Python es integrado en el sistema
operativo, no obstante es posible que necesiteis actualizarlo a la
versión 3.0 (podeis comprobar la versión tecleando `python3.0` en
la línea de comandos de terminal). Así mismo el editor de Python
puede ser que no esté presente en una instalación estándar. Si
teneis que reinstalar Python, lo encontrareis en la página de
descargas para Mac de Python.

Usuarios Windows

Descargar el instalador Windows apropiado, ejecutadlo y seguir
las indicaciones.

Modo Interactivo

Ejecutad el IDLE (también denominado Python GUI). Os
aparecerá un texto similar al siguiente:

```
Python 3.0 (r30:67503, 29 2008, 21:31:07)
[GCC 4.3.2 20081105 (Red Hat 4.3.2-7)] where linux2
Type "copyright", "credits" or "license()" for more
information.
```

```
* * * * * * * * * * * * * * * * * * * * * * * * * * * * * * * * * * * * * * * * * * * * * * * * * * * *
* * * * * * * * * *
```

```
      Personal firewall software may warn about the
connection IDLE
      makes to its subprocess using this computer's
internal loopback
      interface.  This connection is not visible
where external
      interface and no data is to or received from
the Internet.

* * * * * * * * * * * * * * * * * * * * * * * * * * * * * * * * * * * * * * * * * * * * * * * *
* * * * * * * * *

  IDLE 3.0
  >>>
```

Los símbolos >>> indican que estais en modo interactivo, en este modo lo que se teclea es ejecutado inmediatamente. Probad a teclear 1+1 en él: os devolverá la respuesta 2.

El modo interactivo nos permite probar y ver resultados de forma inmediata, lo que nos permite observar y probar diferentes instrucciones para poder conocer sus resultados.

Creando y ejecutando programas

Entrad a IDLE. En los menús de la parte superior, seleccionad New File y New Window. Os aparece una nueva ventana; en esta teclead:

```
print("Hola, Mundo!")
```

Ahora guardar el programa: Elegid New File del menú, y Save . Guardadlo cómo "hola.py" (se puede guardar en cualquier directorio que deseeis). Una vez guardado podemos ejecutarlo.

Para ejecutar un programa accederemos al menú Run y Run Module (En versiones anteriores de IDLE deberá elegir Edit y Run script). La ejecución mostrará Hola, Mundo! en la ventana del *Python Shell*.

nota: tenga en cuenta que en guardar, IDLE no pone por defecto a los ficheros la extensión .py . Sin esta extensión los programas funcionan igual, pero algunas ayudas de edición de IDLE se desactivan (por ejemplo, el texto no se colorea según el tipo de palabra).

Nomenclatura de los archivos de programa

Es util tener en cuenta una serie de convenciones en la manera de nombrar los programas. Si bien este hecho no es tan importante en los programas si que lo es en relación con los módulos.

1. El código siempre tiene que ser guardado con la extensión `.py`. El nombre del fichero no tiene que contener ningun otro punto.
2. Emplear sólo caracteres estándar: letras, números, guión (-) y subrayado(_).
3. No empleeis espacios en blanco (" "). (Podeis emplear el subrayado como alternativa).
4. Empezad siempre el nombre con una letra (¡sobre todo no empleeis números!)
5. No utiliceis ni acentos ni caracteres especiales.

Utilizar Python desde la línea de comandos

Podeis ejecutar programas sin tener que entrar en IDLE, de esta forma podeis editar un programa en Python en un editor de texto y después lo podeis ejecutar tecleando `python3.0 nombre_del_programa`.

Hay diferentes editores de texto que facilitan la escritura en Python, *Emacs* es un buen ejemplo.

Ejecutar programas Python en Unix

Si estais empleando Une (como en Linux, Mac OSX, o BSD), si habeis hecho el programa en `chmod`, y teneis como primera línea:

```
#!/usr/bin/env python3.0
```

Podeis ejecutar el programa tecleando `./hola.py` como cualquier otra orden.

Donde encontrar ayuda

Es muy probable que programando en Python os encontreis en situaciones que no sabeis como resolver. Este libro tan sólo intenta mostraros los conceptos básicos del lenguaje, pero hay una gran cantidad de información disponible que os puede permitir solventar cualquier problema que encontreis.

Documentación de Python

En primer lugar la documentación de Python es una ayuda completa y se suministra en la instalación del programa:

- El Tutorial Python 3.0 de Guido van Rossum es, a menudo, un buen punto de partida a cuestiones generales.
- Para dudas relacionadas con los módulos estándares, la Python 3.0 Library Reference proporciona información adecuada.
- El Python 3.0 Reference Manual nos proporciona más información, si bien esta puede ser un tanto compleja para principiantes.

Comunidad de usuarios de Python

Hay un montón de usuarios de Python que en general están dispuestos a ayudar. Esta comunidad de usuarios se organiza principalmente a través de listas de correo y un grupo de noticias:

- El tutor mailing list es para gente que quiere hacer preguntas sobre como aprender programación de ordenadores con el lenguaje Python.

- El python-help mailing list es el canal de ayuda (help desk) de python.org. Permite hacer a un grupo de voluntarios con conocimientos preguntas sobre todos nuestros problemas de Python.
- El grupo de Noticias comp.lang.python (Google groups archive) es el lugar para discusiones generales de Python, las preguntas y el punto de encuentro de la comunidad.

No obstante, procurar no abusar demasiado de ellos y antes de preguntar intentar encontrar la solución a vuestro problema a través de la variada documentación disponible.

Hola, mundo

Conocimientos previos

Supondremos que sabeis como editar programas en un editor de texto u otro editor integrado, guardar en dispositivo de memoria (disco u otro) y ejecutar el programa guardado.

Visualización por Pantalla

Tradicionalmente todo tutorial de programación empieza con un pequeño programa llamado "Hola, Mundo!". En Python este es tan simple cómo:

```
print("Hola, Mundo!")
```

Si estais utilizando la consola de comandos tendreis que escribir el texto anterior mediante el editor de texto, guardar el documento con el nombre `hola.py` y finalmente ejecutarlo escribiendo `python3.0 hola.py` en la línea de comandos.

Por otro lado podeis ejecutar el editor integrado (IDLE), abrir una nueva ventana, y crear el programa como se indica en la sección Creando y Ejecutando Programas.

Cuando el programa es ejecutado este mostrará `Hola, Mundo!` por pantalla.

Compliquémoslo un poco más:

```
print("Las estaciones del año")
print("son en total cuatro;")
print("primavera,verano,")
print("otoño e invierno".)
```

Cuando ejecutais el programa, este mostrará por pantalla:

```
Las estaciones del año
son en total cuatro;
primavera, verano,
otoño e invierno.
```

Cuando el ordenador ejecuta este programa primero interpreta la línea:

```
print("Las estaciones del año")
```

instrucción que hace que el ordenador muestre por pantalla:

```
Las estaciones del año
```

Entonces la computadora interpreta la siguiente línea:

```
print("son en total cuatro; ")
```

instrucción que hace que el ordenador muestre por pantalla:

```
son en total cuatro;
```

El ordenador sigue interpretando cada línea hasta que llega al final del programa.

Terminología

En este punto quizás hay que hacer una breve explicación de lo que está pasando (y empezar a utilizar un poco de terminología de programación).

En los programas anteriores hemos empleado una *función* llamada `print`. El nombre de la función - `print` - viene seguido por paréntesis los cuales contienen 0 o más *argumentos*. En el ejemplo:

```
print("Hola, Mundo!")
```

Hay un *argumento*, `"Hola, Mundo!"`. Fijaos en el hecho de que el argumento es un grupo de caracteres que se encuentran entre comillas dobles ("). Este tipo de argumentos son denominados *cadenas de caracteres* o strings . Un segundo ejemplo de cadena de caracteres sería: `"Las estaciones del año"`. La combinación de una Función y sus argumentos (entre paréntesis) es un *llamamiento a una función.*

Una función y sus argumentos son uno de los tipos de declaraciones que tiene Python, por lo cual

```
print("Hola, Mundo!")
```

es un ejemplo de declaración. Simplificando, podemos entender una declaración como una línea del código del programa.

Con esta terminología tendría que haber bastante por ahora.

Expresiones

Este es otro programa:

```
print("2 + 2 es", 2 + 2)
print("3 * 4 es", 3 * 4)
print("100 - 1 es", 100 - 1)
print("(33 + 2) / 5 + 11.5 es", (33 + 2) / 5 +
11.5)
```

Y esta es la salida (*output*) por pantalla cuando ejecutamos el programa:

```
2 + 2 es 4
3 * 4 es 12
100 - 1 es 99
(33 + 2) / 5 + 11.5 es 18.5
```

oh!, como podéis comprobar Python puede convertir vuestro ordenador de 600 euros en una calculadora de 5.

En este ejemplo, la función print viene seguida de dos argumentos, cada uno de los cuales es separado por una coma. Observamos la primera línea del programa

```
print("2 + 2 es", 2 + 2)
```

El primer argumento es la cadena "2 + 2 es" y el segundo es la *expresión matemática* 2 + 2. Para acortar las expresiones matemáticas suelen nombrarse *expresiones*, simplemente.

Es importante notar que la cadena es mostrada literalmente (sin las comillas), pero una *expresión* es *evaluada*, es decir, calculada.

Python tiene siete operaciones matemáticas básicas definidas:

Operación	símbolo	Ejemplo
Potencia	**	5 ** 2 == 25
Multiplicación	*	2 * 3 == 6
División	/	14 / 3 == 4.666666666666667
División entera	//	14 // 3 == 4
Módulo (residuo)	%	14 % 3 == 2
Suma	+	1 + 2 == 3
Resto	-	4 - 3 == 1

el orden según se realizan las operaciones sigue el mismo criterio que las matemáticas:

- paréntesis ()
- potencias **
- multiplicación *, división /, división entera//, y residuo %
- Suma + y resto -

Emplear los paréntesis para estructurar las expresiones si es necesario.

Hablando con humanos (y otros seres inteligentes)

A veces, en programación creareis algunos códigos complicados y quizás en un futuro no recordeis qué hacía vuestro programa. Para que esto no pase, el programa permite insertar comentarios explicativos dentro del código. Un *comentario* es una nota que se emplea para detallar que es lo que está pasando. Por ejemplo:

```
# No es exactamente Pi, sino una aproximación
bastante buena
print(22 / 7)
```

La salida da:

```
3.14285714286
```

Daos cuenta que el comentario empieza con una almohadilla: #. Los comentarios se utilizan para clarificar códigos complicados a otros programadores que leen un código ajeno o para simplificar una futura lectura.

Tened en cuenta que después de un comentario puede ir cualquier texto, y que cuando el programa se activa, el texto posterior a la # hasta el final de la línea es ignorado. La # no tiene porque añadirse al principio de la línea:

```
# Muestra Pi a la pantalla
print(22 / 7) # Es una buena aproximación
```

Ejemplos

En cada capítulo se incluyen ejemplos de programación de las características introducidas en este. Dad un vistazo y tratar de comprenderlos, probarlos, modificarlos y observar que pasa.

Einstein.py

```
print("Si quieres resultados diferentes, no hagas
siempre lo mismo".)
print("                    -- Albert Einstein")
```

Salida (Output):

Si quieres resultados diferentes, no hagas siempre
lo mismo.
                    -- Albert Einstein

Matas.py

```python
# Otro ejemplo que no hace gran cosa
# Pero nos permite seguir practicando
print("Sumar y restar puede ser fácil")
print("1 + 1 =", 1 + 1)
print("2 + 4 =", 2 + 4)
print("5 - 2 =", 5 - 2)
print()
print("... nos podemos complicar")
print("243 - 23 =", 243 - 23)
print("12 * 4 =", 12 * 4)
print("12 / 3 =", 12 / 3)
print("13 / 3 =", 13 // 3, "R", 13 % 3)
print()
print("... algo más... no mucho pero")
print("123.56 - 62.12 =", 123.56 - 62.12)
print("(4 + 3) * 2 =", (4 + 3) * 2)
print("4 + 3 * 2 =", 4 + 3 * 2)
print("3 ** 2 =", 3 ** 2)
print()
```

Salida (Output):

```
Sumar y restar puede ser fácil
1 + 1 = 2
2 + 4 = 6
5 - 2 = 3

... nos podemos complicar
243 - 23 = 220
12 * 4 = 48
12 / 3 = 4
13 / 3 = 4 R 1

... algo más... no mucho pero
123.56 - 62.12 = 61.44
```

```
(4 + 3) * 2 = 14
4 + 3 * 2 = 10
3 ** 2 = 9
```

Ejercicios

1. Haced un programa que muestre por pantalla vuestro nombre completo y vuestra fecha de nacimiento en cadenas separadas

Solución

```
print("Fulanito de Tal", "Nacido", "31 de diciembre
de 1852")
print("Albert Einstein", "Nacido", "14 de marzo de
1879")
```

2. Haced un programa que muestre el uso de las 7 funciones matemáticas

Solución

```
print("Potencia:        5**5 = ", 5**5)
print("Producto:        6*7  = ", 6*7)
print("División:        56/8  = ", 56/8)
print("División entera: 14//6 = ", 14/6)
print("Residuo:         14%6  = ", 14%6)
print("Suma:            5+6  = ", 5+6)
print("Resto:           9-0  = ", 9-0)
```

Las variables

Creo que ha llegado la hora de hacer un programa realmente complicado. Aquí lo teneis:

```
print ("Hola!")
nombre_usuario = raw_input("Quién es? ")
print ("Puedes pasar, " + nombre_usuario)
```

Cuando lo ejecutamos, esto es lo que vemos:

```
Hola!
Quién es? Miguel
Puedes pasar, Miguel
```

Nota: Después de ejecutar el programa pulsando F5, la consola de Python sólo mostrará la salida:

```
Hola!
Quién es?
```

Teneis que pulsar directamente sobre la consola y después introducir vuestro nombre para ver el resto de la salida.

Evidentemente, cuando ejecutais el programa vuestra pantalla no mostrará exactamente lo mismo debido a la función raw_input(). Cuándo habeis ejecutado el programa (¿por qué lo habeis hecho?) os habreis dado cuenta que habeis tenido que escribir vuestro nombre y pulsar intro. Entonces el programa ha acabado de escribir su texto y también vuestro nombre. Esto es un ejemplo de entrada. El programa llega a un cierto punto y después espera a que el usuario introduzca algunos datos que podrá usar más adelante.

Está claro que, ¿por qué querríamos recoger información sin poder tener un lugar donde guardarla? Aquí es donde aparecen las variables. En el ejemplo anterior nombre_usuario es una variable. Las variables son como cajas que pueden guardar información. A continuación se muestra un programa que ejemplifica el uso de variables:

```
a = 123.4
b23 = 'Librería Libre'
nombre = "Carlos"
b = 432
c = a + b
print ("a + b es",c)
print ("El nombre es",nombre)
print ("Encontrareis libros libres en",b23)
```

Y aquí teneis la salida:

```
a + b es 555.4
El nombre es Carlos
Encontrareis libros libres en Librería Libre
```

Las variables contienen datos. Las variables del programa anterior son a, b23, nombre, b y c. Los dos tipos básicos son strings (listas de caracteres) y números. Los strings son una secuencia de letras, números y otros caracteres. En este ejemplo b23 y nombre son variables que guardan strings. Librería Libre, Carlos, a + b es, El nombre es y Encontrareis libros libres a son los strings de este programa- Los caracteres rodeados por " o ' son strings. El resto son números. Recordad que las variables se usan para guardar un valor, por lo tanto no se ponen entre comillas (" o '). Si quereis usar el valor real de lo que escribais lo teneis que poner entre comillas.

```
dato1 == Aim
dato2 == "Aim"
```

Parecen lo mismo, pero en la primera Python comprueba si el valor de la variable dato1 es el mismo que el guardado en la variable Aim. En el segundo, Python comprueba si el valor de dato2 es literalmente Aim (más adelante en este libro veremos más cosas sobre strings y sobre ==).

Asignación

Muy bien, así que tenemos unas cajas llamadas variables y también algunos datos que se pueden guardar en variables. El ordenador verá una línea como nombre = Carlos y lo interpretará como "Pon el string Carlos en la caja (o variable) nombre". Más adelante ve c = a+ b y entiende "Pon el resultado de a + b, es decir 123.4 + 432 que equivale a 555.4 en la variable c". La parte derecha de la petición es evaluada y el resultado se guarda en la variable de la izquierda. Esto se denomina asignación, y no tendriais que confundir el significado del símbolo = con el significado matemático del símbolo de igualdad (puesto que para lo cual usaremos ==, como veremos más adelante).

Vemos otro ejemplo de uso de variables:

```
a = 1
print(a)
a = a + 1
print(a)
a = a * 2
print(a)
```

Y evidentemente la salida es:

```
1
2
4
```

Incluso si tenemos la misma variable a ambos lados de la asignación, el ordenador entiende "primero calcula el valor de la parte derecha y después mira donde hay que guardarlo"

Un último programa antes de acabar el capítulo:

```
numero = float(raw_input("Escribe un número: "))
entero = int(raw_input("Escribe un entero: "))
texto = raw_input("Escribe algo: ")
```

```
print("número =", numero)
print("número es del tipo:", type(numero))
print("número * 2 =", numero * 2)
print("entero =", entero)
print("entero es de tipo:", type(entero))
print("entero * 2 =", entero * 2)
print("texto =", texto)
print("texto es de tipo:", type(texto))
print("texto * 2 =", texto * 2)
```

La salida es:

Escribe un número: 12.34
Escribe un entero: -3
Escribe algo: Hola
número = 12.34
número es del tipo:
número * 2 = 24.68
entero = -3
entero es del tipo:
entero * 2 = -6
texto = Hola
texto es del tipo:
texto * 2 = HolaHola

N. del T.: Python devuelve el nombre de los tipos en Inglés, así float es un número real, int (de integer) es un entero, y str es un string (cadena de caracteres)

Tened en cuenta que numero se ha conseguido con float(raw_input()) mientras que el texto se ha conseguido con raw_input(). raw_input() siempre devuelve un valor de tipo string, y con la función float transformamos un string que contiene un número en este numero (lo transforma a real). Cuando desees que el usuario escriba un real, utilizar float(raw_input()) (evidentemente para un entero sería int(raw_input())), pero si lo que quereis es texto, usar sólo raw_input(). También podeis utilizar la función input() pero tendreis que vigilar porque Python lo considerará como si fuera código, por ejemplo:

```
numero = int(input("Escribe una operación: "))
print("Resultado: ", numero)
```

Cuando se ejecute pasaría lo siguiente:

Escribe una operación: 5*(2+3)
Resultado: 25

La segunda mitad del programa usa la función type() que dice de qué tipo es una variable (y por lo tanto el dato que contiene). Los enteros son de tipos int, los reales de tipos float (abreviación de integer, entero; y floating point, coma flotante). Los strings son de tipos str. Los enteros y los reales se pueden operar en funciones matemáticas, los strings no. Fijaos que cuando intentamos multiplicar un string por un entero, el resultado es que el string se copia tantas veces como lo multiplicamos, tal como hemos visto, texto * 2 = HolaHola.

Las operaciones con strings hacen cosas diferentes que con los números. Del mismo modo, hay algunas operaciones que sólo funcionan con números (enteros y reales) y producen un error si se hacen sobre un string. Aquí teneis algunos ejemplos:

```
>>> "Esto" + " " + "quedará" + " junto".
'Esto quedará junto.'
>>> "Ha, " * 5
'Ha, Ha, Ha, Ha, Ha, '
>>> "Ha, " * 5 + "ha!"
'Ha, Ha, Ha, Ha, Ha, ha!'
>>> 3 - 1
2
>>> "3" - "1"
Traceback (most recent call last):
Hilo "", line 1, in
TypeError: unsupported operando type(s) for -: 'str' and 'str'
>>>
```

Aquí tenéis la lista de operaciones con strings:

Operación Símbolo Ejemplo
Repetición * "y" * 5 == "iiiii"
Concatenación + "Hola, " + "mundo!" == "Hola, mundo!"
Ejemplos

velocidad_tiempo.py

```
# Este programa calcula problemas de velocidad y tiempo
print("Introducir la velocidad y la distancia")
velo = float(raw_input("Velocidad: "))
dist = float(raw_input("Distancia: "))
print("Tiempo: ", (dist / velo))
```

Ejemplos de ejecución:

```
Introducir la velocidad y la distancia
Velocidad: 5
Distancia: 10
Tiempo: 2.0
```

```
Introducir la velocidad y la distancia
Velocidad: 3.52
Distancia: 45.6
Tiempo: 12.9545454545
```

Area.py

```
# Este programa calcula el perímetro y el área de un rectángulo
print("Cálculo de información de un rectángulo")
hogar = float(raw_input("Longitud: "))
ampl = float(raw_input("Anchura: "))
print("Área", hogar * ampl)
print("Perímetro", 2 * hogar + 2 * ampl)
```

Ejemplos de ejecución:

Cálculo de información de un rectángulo
Longitud: 4
Anchura: 3
Área 12.0
Perímetro 14.0

Cálculo de información de un rectángulo
Longitud: 2.53
Anchura: 5.2
Área 13.156
Perímetro 15.46

En este ejemplo podemos ver que el caracter dentro de una cadena de caracteres, parece que es obviado. Lo que pasa realmente es que, cuando queremos poner caracteres especiales o reservados dentro de una cadena, como por ejemplo comillas o apóstrofos, para que estos no cierren la cadena cuando no queremos, ponemos delante suya el caracter. Por ejemplo si quereis poner la alegría, pondremos "la alegría" o 'la alegría', también funcionará "la alegría".

temperatura.py

```
# Pasa de Fahrenheit a Celsius
temp = float(raw_input("Temperatura (en Fahrenheit): "))
print((temp - 32.0) * 5.0 / 9.0)
```

Ejemplos de ejecución:

Temperatura (en Fahrenheit): 32
0.0

Temperatura (en Fahrenheit): -40
-40.0

Temperatura (en Fahrenheit): 212
100.0

Temperatura (en Fahrenheit): 98.6
37.0

Ejercicios

Escribir un programa que lea dos strings y dos números, concatene (los junte, sin espacios) y muestre los strings y multiplique los dos números a la línea siguiente.

Solución

```
string1 = raw_input('String 1: ')
string2 = raw_input('String 2: ')
float1 = float(raw_input('Número 1: '))
float2 = float(raw_input('Número 2: '))
print(string1 + string2)
print(float1 * float2)
```

Contar hasta 10

Bucles while

He aquí la primera *estructura de control*. Habitualmente, el ordenador empieza ejecutando la primera línea, y sigue hacia abajo. Las estructuras de control cambian el orden en que se ejecutan las órdenes o deciden si una cierta orden se ejecutará o no. Aquí teneis un programa que usa la estructura de control while:

```
a =  0
while a < 10 :
    a =  a + 1
    print(a)
```

Y aquí teneis la impresionante salida:

```
1
2
3
4
5
6
7
8
9
10
```

(¿Y pensasteis que no podriais hacer nada peor que transformar el ordenador en una simple calculadora? ;)

Así que, ¿que hace el programa? Primero ve la línea `a = 0` y pone la variable a a cero. Entonces ve `while a < 10:` y comprueba si `a < 10` . La primera vez que el ordenador lo comprueba, `a vale` cero, por lo tanto es cierto que vale menos que 10. En otras palabras, mientras esta condición sea cierta, el ordenador irá ejecutando las instrucciones identidades (las que están puestas más hacia la derecha). Estos harán que en algún momento, `a valga` efectivamente 10, y la condición ya no será cierta.

Llegado a este punto, el ordenador saltará las líneas sangradas y continuará con el resto del programa (en el caso anterior no hace nada más).

Acordaros de poner **siempre** dos puntos (:) después de la condición del *while*!

Aquí teneis otro ejemplo de uso del *while*:

```
a =  1
s = 0
print('Introducir números para sumar.')
print('Introducir 0 para salir.')
while a != 0:
    print('Suma actual:', s)
    a =  float(raw_input('Número? '))
    s = s + a print
('Suma total =', s)
```

```
Introducir números para sumar.
Introducir 0 para salir.
Suma actual: 0
Número? 200
Suma actual: 200.0
Número? -15.25
Suma actual: 184.75
Número? -151.85
Suma actual: 32.9
Número? 10.00
Suma actual: 42.9
Número? 0
Suma total = 42.9
```

Podéis ver como `print 'Suma total =', s` sólo se ejecuta una vez, al final. La instrucción `while` sólo afecta a las líneas sangradas (con la misma sangría!). La expresión `!=` significa *no igual*, por lo tanto `while a != 0:` significa que mientras `a` sea distinto de cero las instrucciones sangradas se ejecutarán.

Tened en cuenta que `a` es un número real, y no todos los números reales se pueden representar exactamente, así que `!=`

puede no funcionar con reales a veces. Probadlo con 1.1 en modo interactivo.

Bucles infinitos

Ahora que tenemos bucles, podemos crear programas que se ejecuten por siempre jamás. Una manera sencilla de hacerlo es escribir un programa como este:

```
while 1 == 1:
    print("Ayuda! Estoy en un bucle infinito!".)
```

El operador "==" se utiliza para comprobar si las dos bandas son iguales, tal como usábamos "<" por *menor que* en el ejemplo anterior (En el próximo capítulo veremos la lista entera de operadores).

Este programa irá imprimiendo `Ayuda! Estoy en un bucle infinito!`. hasta el fin de los tiempos, o hasta que lo pareis, puesto que 1 siempre será igual a 1. Para pararlo pulsar a la vez la tecla Control (o Ctrl) y la letra *c*. Esto *matará* el programa (así decimos parar). (Nota: A veces tendréis que pulsar intro después de Control-C)

Ejemplos

Fibonacci.py

```
# Este programa calcula la secuencia de Fibonacci
a = 0
b = 1
count = 0
max_count = 20
while count < max_count:
    count = count + 1
    # hemos guardado a, puesto que lo cambiamos
    old_a = a
    old_b = b
    a = old_b
    b = old_a + old_b
```

```
        # Fijaos en la orden mágica end=" " en la
función print que evita que
        # se pase a una nueva línea.
        print(old_a ,end=" ")
    print() #imprimir una nueva línea
```

Salida:

```
 0 1 1 2 3 5 8 13 21 34 55 89 144 233 377 610 987
1597 2584 4181
```

Fijaos que la salida está en una sola línea debido al argumento end=" " de la función print.mentes.

Password.py

```
    # Espera hasta que se introduzca una password. Usar
Control-C para salir
    # sin password

    #Fijaos que esta no tiene que ser la password para
que
    # el bucle while se ejecute al menos una vez
    password = "queso"

    # recordais que != quiere decir no igual
    while password != "Librería_Libre":
        password = input("Password: ")
    print("Bienvenido")
```

Ejemplo de ejecución:

```
Password: Librería_libre
Password: v y q uno y l l y b r e s
Password: password
Password: Marc
Password: Libreria_libre
Bienvenido
```

Ejercicios

Escribir un programa que pregunte al usuario el nombre de usuario y la contraseña. Si después escriben "bloquea", tienen que volver a introducir el nombre y la contraseña.

Solución:

```
name = raw_input("Nombre de usuario: ")
password = raw_input("Contraseña: ")
print("Escribir bloquea para bloquear la sesión".)
command = None
input1 = None
input2 = None
while command != "bloquea":
    command = raw_input("Orden: ")
while input1 != name:
    input1 = raw_input("Nombre de usuario: ")
while input2 != password:
    input2 = raw_input("Contraseña: ")
print("Bienvenidos al sistema!")
```

Si quereis que vuestro programa se vaya ejecutando continuamente, sólo tendriais que poner este código dentro de un `while 1 == 1:`

Otra manera de hacerlo seria:

```
name = raw_input('Establecer nombre: ')
password = raw_input('Establecer contraseña: ')
while 1 == 1:
    nameguess=""
    passwordguess=""
    key=""
    while (nameguess != name) or (passwordguess !=
password):
        nameguess = raw_input('Nombre? ')
        passwordguess = raw_input('Contraseña? ')
    print("Bienvenido,", name, ". Escribir bloquea
para bloquear".)
    while key != "bloquea":
        key = raw_input("")
```

A pesar de que todavía no hemos explicado el operador `or` seguramente podéis entender qué hace; sino, lo veremos más adelante.

```
login = "Juan"
password = "Libreria_libre"
logged=2

while logged != 0:
    while login != "Carlos":
            login = raw_input("Usuario : ")
    while password != "Login":
            password = raw_input("Contraseña: ")
            logged = 1

    print("Bienvenidos!")
    print("Para salir escribir bloquea ")

    while logged == 1:
        leave = raw_input (">> ")
        if leave == "bloquea":
            logged = 0
print("Adiós!!")
```

Este método, a pesar de que ser un poco extraño, también funciona. En el próximo capítulo veremos como funciona la función `if`.

Decisiones

Instrucción if

Para variar empezaremos con un ejemplo, para calentar motores... El siguiente programa calcula el valor absoluto de un entero:

```
n = int(raw_input("Número? "))
if n < 0:
    print("El valor absoluto de", n, " es ", -n)
else:
    print("El valor absoluto de", n, " es ", n)
```

He aquí un par de resultados:

```
Número? -34
El valor absoluto de -34 es 34
Número? 4
El valor absoluto de 4 es 4
```

Analizando paso a paso:

1. Primero el programa pide la introducción del número "`n = int(raw_input("Número? "))`"
2. Una vez realizado este paso se evalúa la condición "`if n < 0:`".
    1. Si n es menor que cero Python ejecuta la línea "`print("El valor absoluto de", n, " es ", -n)`".
    2. En otro caso (indicado por el código `else:`) ejecuta "`print ("El valor absoluto de n", n, "es", n)`".

Expresado más formalmente: Python evalúa si la *expresión* `n < 0` es verdadera o falsa. Y la instrucción `if` es seguida por *un bloque* de instrucciones que son ejecutadas si la expresión es verdadera. Opcionalmente después del `if` podemos emplear la instrucción else y otro *bloque* de instrucciones, el cual será ejecutado si la expresión es falsa.

Hay que tener cuidado de que los bloques de instrucciones estén convenientemente sangrados.

Hay una serie de evaluaciones diferentes que una expresión puede tener. Aquí hay una lista de todos ellos:

operador	función
<	menor que
<=	menor o igual a
>	mayor que
>=	mayor o igual a
==	igual
!=	no igual

Otra característica de la instrucción if es la orden elif. Esta se diferencia del else. Si la expresión original de la if es falsa pero la expresión de la elif es verdadera, se ejecuta el bloque de instrucciones dentro de la elif. Si las expresiones de la if y de la elif son falsas ejecuta el bloque else. Veamos un ejemplo:

```
a =  0
while a 10 < :
    a =  a + 1
    if a  > 5 :
        print(a ,  ">", 5)
    elif a = < 7:
        print(a ,  "<=", 7)
    else:
        print("Ninguna de las expresiones son
verdaderas")
```

Da como salida:

```
1 <= 7
2 <= 7
3 <= 7
4 <= 7
```

```
5 <= 7
6 > 5
7 > 5
8 > 5
9 > 5
10 > 5
```

Cómo se observa la instrucción `elif a = <7` sólo se evalúa si `if a > 5` es falsa.

Se puede incluir más de una instrucción `elif`, hecho que nos permite evaluar múltiples expresiones en una sola instrucción `if`.

Depuración

¿Qué es depurar (debugging)?

"Tan pronto como empezamos a programar, nos encontramos con la sorpresa de que tener programas correctos no es tan fácil cómo habíamos pensado. Se tenía que descubrir la depuración. Puedo recordar el instante exacto en que me di cuenta de que una gran parte de mi vida desde entonces hasta ahora se dedicaría a encontrar errores en mis propios programas". - *Maurice Wilkes descubre la depuración*, 1949

A estas alturas si habeis ido trasteando con los programas probablemente habreis encontrado que a veces el programa hace algo que no queriais que hicierais. Esto es bastante habitual. La depuración es el proceso de imaginar qué está haciendo el ordenador y entonces conseguir que haga lo que quereis que haga. Esto puede ser delicado. En algunas ocasiones podreis encontraros dedicando casi una semana buscando y corrigiendo un error.

Este capítulo será más abstracto que los capítulos previos.

¿Qué tendría que hacer el programa?

La primera cosa a hacer (esto suena obvio) es imaginar qué tendría que estar haciendo el programa si se está ejecutando correctamente. Definir algunos casos de prueba y ver qué pasa. Por ejemplo, digamos que tenemos un programa para calcular el perímetro de un rectángulo (la suma de la longitud de todos los lados). Partimos de los siguientes casos de prueba:

altura	anchura	perímetro
3	4	14
2	3	10
4	4	16
2	2	8

5	1	12

Ahora ejecutaremos nuestro mi programa en todos los casos de prueba y veremos si el programa hace lo que espereramos que haga. Si no lo hace entonces necesitamos averiguar qué está haciendo el ordenador.

Lo más habitual es que algunos de los casos de prueba funcionen y otros no. Si este es el caso tendríamos que tratar de entender qué tienen en común los que funcionan. Por ejemplo, aquí está el resultado de un programa de cálculo del perímetro (veremos el código en breve):

```
Altura: 3
Anchura: 4
perímetro = 15
Altura: 2
Anchura: 3
perímetro = 11
Altura: 4
Anchura: 4
perímetro = 16
Altura: 2
Anchura: 2
perímetro = 8
Altura: 5
Anchura: 1
perímetro = 8
```

Fijaos en que el programa no funcionaba en los dos primeros casos, funcionaba en los dos siguientes y no funcionaba al último. Tratar de entender qué tienen en común los casos que funcionan. En el momento que tengais alguna idea de cuál es el problema es más fácil encontrar la causa. Con vuestros propios programas tendreis que probar más casos si es necesario.

¿Qué hace el programa?

El siguiente paso a realizar es mirar el código fuente. Una de las cosas más importantes al programar es leer el código fuente. La manera inmediata de hacerlo es pasearse por el código.

Una pasada por el código empieza en la primera línea, y sigue su camino hasta que el programa se acaba. Los bucles `while` y las instrucciones `if` ocasionan que algunas líneas puedan no ejecutarse nunca y otras puedan ejecutarse muchas veces. En cada línea imagina qué ha hecho Python.

Empezamos con el programa de cálculo del perímetro. No lo tecleis ni lo ejecuteis, lo leeremos. El código fuente es:

```
altura = int(raw_input("Altura: "))
anchura = int(raw_input("Anchura: "))
print("perímetro =", anchura + altura + anchura +
anchura)
```

Pregunta: ¿Cuál es la primera línea de Python que se ejecuta?
   Respuesta: La primera línea siempre se ejecuta primero. En este caso es: `altura = int(raw_input("Altura: "))`
¿Qué hace esta línea?
   Escribe `Altura:` , espera que el usuario teclee una cadena, y entonces transforma la cadena en una variable entera llamada "altura".
¿Cuál es la siguiente línea que se ejecuta?
   En general, es la siguiente línea que es: `anchura = int(raw_input("Anchura: "))`
¿Qué hace esta línea?
   Escribe `Anchura:` , espera que el usuario teclee un número, y mete el que el usuario teclee en la variable "anchura".
¿Cuál es la siguiente línea que se ejecuta?
   Cuando la siguiente línea no está sangrada más o menos que la actual, es la línea inmediata siguiente a ejecutarse, por lo tanto es: `print("perímetro =", anchura + altura + anchura + anchura)` (También se puede ejecutar una función en la línea actual pero esto se explicará en un capítulo posterior).
¿Qué hace esta línea?
   Primero escribe `perímetro =` , entonces escribe `anchura + altura + anchura + anchura`.

¿`anchura + altura + anchura + anchura` calcula el perímetro adecuadamente?

Veamos, el perímetro de un rectángulo es la base (anchura) más el lado izquierdo (altura) más la parte superior (anchura) más el lado derecho (Oh!). El último elemento tendría que ser la longitud del lado derecho, es decir la altura.

¿Entendeis porque a veces el perímetro se calculaba "correctamente"?

Se calculaba correctamente cuando la anchura y la altura eran iguales.

El próximo programa por el cual daremos un paseo por su código es un programa del cual se supone que escribe 5 puntos a la pantalla. Aun así, esto es lo qué está escribiendo el programa:

. . . .

Y este es el programa:

```
numero = 5
while numero > 1:
    print("".,end=" ")
    numero = numero - 1
print()
```

Por este programa será más díficil de recorrer - ya que tiene pedazos sangrados (o estructuras de control). Empezamos.

¿Cuál es la primera línea a ejecutar?

La primera línea del programa: `numero = 5`

¿Qué hace?

Pone el número 5 a la variable "numero".

¿Cuál es la siguiente línea?

La siguiente línea es: `while numero > 1:`

¿Qué hace?

Bien, las instrucciones `while` en general miran la expresión que tienen a continuación, y si es cierta ejecutan el siguiente bloque de código sangrado, de lo contrario se lo saltan.

¿Entonces que hace en este caso?

Si `numero > 1` es cierto entonces se ejecutan las siguientes dos líneas.

¿Y si número > 1 es cierto?

El último valor metido a `number` era 5 y 5 > 1 por lo tanto sí que lo es.

¿Por lo tanto cuál es la siguiente línea?

Cómo el `while` era cierto la siguiente línea es:
```
print("".,end=" ")
```

¿Qué hace esta línea?

Escribe un punto y cómo el argumento extra `end=" "` existe la siguiente línea que se escriba no comenzará una nueva línea en la pantalla.

¿Cuál es la línea siguiente?

`numero = numero - 1` puesto que es la línea siguiente y no hay cambios de sangrado.

¿Qué hace?

Calcula `numero - 1`, que es el valor actual de número (o 5) le resta 1, y lo hace el nuevo valor de "numero". Por lo tanto básicamente cambia el valor de número de 5 a 4.

¿Cuál es la siguiente línea?

El nivel de sangrado disminuye por lo tanto hay que mirar qué tipo de estructura de control es. Es un bucle `while`, así hay que volver atrás hacia la cláusula `while` que es `while numero > 1:`

¿Qué hace?

Mira el valor de "numero", que es 4, y lo compara con 1 y cómo `4 > 1` continúa el bucle while.

¿Cuál es la siguiente línea?

Cómo el bucle while ha sido cierto, la siguiente línea es:
```
print("".,end=" ")
```

¿Qué hace?

Escribe un segundo punto en la línea, acabado con un espacio.

¿Cuál es la siguiente línea?

No hay cambio de sangrado por lo tanto es: `numero = numero - 1`

¿Y que hace?

Coge el valor actual de "numero" (4), le resta 1, queda 3 y finalmente hace que sea 3 el nuevo valor de "numero".

¿Cuál es la siguiente línea?

Cómo que hay un cambio de sangrado causado por el final del bucle while, la siguiente línea es: `while numero > 1:`

¿Qué hace?

Compara el valor actual de "numero" (3) con 1. `3 > 1` por lo tanto continúa el bucle while.

¿Cuál es la siguiente línea?

Cómo el bucle while ha sido cierto, la siguiente línea es: `print(""., end=" ")`

¿Y hace qué?

Se escribe un tercer punto en la línea.

¿Cuál es la siguiente línea?

Es: `numero = numero - 1`

¿Qué hace?

Coge el valor actual de "numero" (3) le resta 1 y hace que 2 sea el nuevo valor de "numero".

¿Cuál es la siguiente línea?

Volvemos al comienzo del bucle while: `while numero > 1:`

¿Qué hace?

Compara el valor actual de "numero" (2) con 1. cómo `2 > 1` continúa el bucle while.

¿Cuál es la siguiente línea?

Cómo el bucle while continúa: `print(""., end=" ")`

¿Qué hace?

Descubre el significado de la vida, el universo y de todo. Es broma. (Me tenía que asegurar que estabais despiertos). La línea escribe un cuarto punto en la pantalla.

¿Cuál es la siguiente línea?

Es: `numero = numero - 1`

¿Qué hace?

Coge el valor actual de "numero" (2) le resta 1 y hace que 1 sea el nuevo valor de "numero".

¿Cuál es la siguiente línea?

Volvemos a comienzos del bucle while: `while numero > 1:`

¿Qué hace esta línea?

Compara el valor actual de "numero" (1) con 1. cómo `1 > 1` es falso (uno no es más grande que uno), sale del bucle while.

¿Cuál es la siguiente línea?

Cómo la condición del bucle while era falsa la siguiente línea es la línea de después de salir del bucle while, o sea: `print()`

¿Qué hace esta línea?

Hace que la pantalla vaya a la siguiente línea.

¿Porque el programa no escribe 5 puntos?

El bucle se acaba un punto demasiado pronto.

¿Cómo lo podemos arreglar?

Haciendo que el loop se acabe un punto más tarde.

¿Y como lo hacemos?

Hay varías formas. Una forma sería cambiar el bucle while a: `while numero > 0:` Otra forma sería cambiar el condicional a: `numbero >= 1` Hay otros.

¿Cómo arreglo mi programa?

Necesitáis entender qué está haciendo el programa. Necesitáis imaginar qué tendría que hacer el programa. Imagináis cuál es la diferencia entre los dos. La depuración es una habilidad que se tiene que practicar para aprenderla. Si no lo podeis entender pasada una hora, haceis una pausa, hablais con alguien sobre el problema u os dais un paseo. Volveis a trabajar en vuestro programa al cabo de un rato y probablemente tendreis ideas nuevas sobre el problema. Buena suerte.

Definiendo funciones

Creando funciones

Para empezar este capítulo os enseñaremos un ejemplo, no hace falta que probeis este programa si no quereis:

```
a =  23
b = -23

if a < 0:
    a =  -a
if b < 0:
    b = -b
if a ==  b:
    print("Los valores absolutos de", a , "y", b,
"son iguales")
else:
    print("Los valores absolutos de", a , "y", b,
"son diferentes")
```

Que tiene como salida:

```
Los valores absolutos de 23 y 23 son iguales
```

(Recordar que el valor absoluto es un número sin tener en cuenta el signo)

Este programa parece un poco repetitivo. Los programadores odiamos repetir cosas (de hecho por eso tenemos los ordenadores!). Fijaos también que encontrar el valor absoluto nos ha cambiado el valor de la variable, y por lo tanto la salida no es del todo clara. Por suerte, Python nos permite crear funciones para evitar repeticiones. Aquí teneis el mismo ejemplo reescrito:

```
a =  23
b = -23

def valor_absoluto(n):
    if n < 0:
        n = -n
```

```
    return n

if valor_absoluto(a ) == valor_absoluto(b):
    print("Los valores absolutos de", a , "y", b,
"son iguales")
else:
    print("Los valores absolutos de", a , "y", b,
"son diferentes")
```

y la salida:

```
Los valores absolutos de 23 y -23 son iguales.
```

La palabra clave de este programa es `def`. `def` (abreviación de define , definir) empieza una definición de función. `def` viene seguido del nombre de la función (en nuestro caso *valor_absoluto*). A continuación vienen los parámetros que necesitamos para la función entre paréntesis y separados por comas (en el caso anterior sólo hay uno, n). Las órdenes indentadas después del símbolo *:* se ejecutarán cuando *se llame a* la función. La función `return` devuelve un valor al lugar donde se había llamado. De hecho ya vimos una función en el primer programa, la función `print`, que en este caso no devuelve nada. Ahora podemos definir nuevas funciones.

Fijaos que los valores de a *y b* no cambian cuando llamamos la función.

Las funciones se pueden usar para repetir tareas que no devuelven nada. Por ejemplo:

```
def hola():
    print("Hola")

def area(ancho, alto):
    return ancho * alto

def saluda(nombre):
    print("Bienvenido", nombre)

hola()
hola()
```

```
saluda("Marc")
w = 4
h = 5
print("ancho =", w, "alto =", h, "área =", area(w,
h))
```

Y la salida:

```
Hola
Hola
Bienvenido Marc
ancho = 4 alto = 5 área = 20
```

Este ejemplo muestra algunas de las cosas que se pueden hacer con funciones. Tened en cuenta que podemos usar o no argumentos y que podemos devolver o no un valor

Variables en funciones

Cuando eliminamos código repetido, nos quedan a menudo variables en el código repetido. En Python, estas variables se tratan de manera un poco diferente. Hasta ahora todas las variables que hemos visto eran globales. Las funciones tienen un tipo especial de variables llamadas locales. Estas sólo *existen* mientras la función se está ejecutando. Cuando una variable local tiene el mismo nombre que una de global la variable local esconde la otra. ¿Os parece extraño? Estos ejemplos os tendrían que aclarar las cosas.

```
a =   4

def print_func():
    a =  17
    print("a print_func a = ", a )

print_func()
print("a = ", a ).
```

Que genera esta salida:

```
a print_func a = 17
a = 4
```

Las asignaciones hechas dentro de una función, no modifican las variables globales, puesto que sólo existen dentro de la función. A pesar de que hayamos asignado un nuevo valor a la variable a, este sólo afecta a print_func , y cuando esta función acaba, vemos el valor original de la variable.

Aquí tenemos un ejemplo algo más complejo.

```python
a_var = 10
b_var = 15
e_var = 25

def a_func(a_var):
    print("a a_func a_var = ", a_var)
    b_var = 100 + a_var
    d_var = 2 * a_var
    print("a a_func b_var = ", b_var)
    print("a a_func d_var = ", d_var)
    print("a a_func e_var = ", e_var)
    return b_var + 10

c_var = a_func(b_var)

print("a_var = ", a_var)
print("b_var = ", b_var)
print("c_var = ", c_var)
print("d_var = ", d_var)
```

Salida:

```
 a a_func a_var =   15
 a a_func b_var =   115
 a a_func d_var =   30
 a a_func e_var =   25
 a_var =   10
 b_var =   15
 c_var =   125
 d_var =

Traceback (most recient call last):
  Hilo "C:\def2.py", line 19, in <>
    modulo print("d_var = ", d_var)
NameError: name 'd_var' is not defined
```

Las tres primeras instrucciones del programa al ejecutarse crean las variables `a_var` , `b_var` y d_var y los asignan respectivamente los valores 10, 15 y 25.

La instrucción `def a_func(a_var):` es una definición de función y no se ejecuta.

La instrucción `c_var = a_func(b_var)` llama la función que se ha definido antes (`a_func`) pasándole cómo argumento el valor de la variable `b_var` que en este momento es 15 porque esto es lo que le ha asignado la segunda instrucción. Cuente que lo que le pasa es el valor de la variable, no la variable. El valor que devuelve la función se almacena en la variable `c_var` que es la primera vez que aparece, por lo tanto se crea ahora.

Cómo ha sido llamada ahora sí que se ejecuta la función `a_func` Dentro de la función el valor que recibe como parámetro (un 15) lo almacena en una variable que se llama `a_var`. Cuenta que esta es una variable local que se crea en este momento y que no afecta nada de lo que haya fuera de la función. Al salir de la función la variable del mismo nombre que se ha creado en la primera instrucción continuará con el mismo valor que tenía antes de llamar a la función, es decir 10 y no 15 que es el valor que contiene la variable del mismo nombre dentro de la función. A continuación la función imprime por pantalla el valor que tiene la variable `a_var` (esto es lo primero que hay en la salida), después crea las variables locales `b_var` y d_var y les asigna respectivamente los valores 115 (100 + 15) y 30 (2*15). Esto es lo que aparece en la tercera y cuarta línea de la salida debido a las correspondientes instrucciones `print` de la función. Fijaos que la variable `b_var` también tiene el mismo nombre que una variable que hay fuera de la función pero tampoco se verá afectada, por lo tanto fuera continuará conteniendo un 15 y no un 115. La siguiente instrucción dentro de la función es imprimir el valor de la variable `e_var`. Cómo a esta variable no le ha sido asignado ningún valor dentro de la función, conserva el que tenía fuera de la función, por esto aparece un 25 en la siguiente línea de la salida. Lo último que hace la función es devolver el valor 125 (115 + 10). 115 es el valor que dentro de la función en este momento contiene la variable `b_var`.

Una vez fuera de la función se imprimen los valores que contienen aquí las variables:

`a_var` da 10 porque es el valor que se le asignó al comienzo y fuera de la función no ha sido nunca alterado. `b_var` da 15 por el mismo motivo. `c_var` da 125 porque es donde se ha almacenado el valor que ha devuelto la función. `d_var` da error porque esta variable no ha sido creada.

En este ejemplo las variables `a_var` , `b_var`, y d_var , son todas variables locales cuando están dentro de la función `a_func` .

Cuando la declaración `return b_var + 10` se ejecuta, todas dejan de existir.

La variable `a_var` es automáticamente una variable local puesto que es un nombre de parámetro. Las variables `b_var` y d_var son locales, puesto que aparecen a la izquierda de un signo de igualdad en las declaraciones `b_var = 100 + a_var` y d_var = `2 * a_var`
.

Dentro de la función `a_var` no hay ningún valor asignado. Cuando la función es llamada a `c_var = a_func(b_var)`, se asigna 15 a a_var puesto que en este punto `b_var` es 15, llamando a la función `a_func(15)` .

Acaba poniendo `a_var` a 15 cuando es dentro de `a_func`.

Cómo podeis ver, cuando la función se acaba de ejecutar, las variables locales `a_var` y b_var que habían escondido las variables globales del mismo nombre han desaparecido. A continuación, la declaración `print ("a_var =", a_var)` imprime el valor `10` en lugar de `15` , puesto que la variable local que escondía la variable global ha desaparecido.

Otra cosa a destacar es el `NameError` que sucede al final. Esto aparece puesto que `d_var variable` ya no existe, desde que `a_func` ha acabado. Todas las variables locales se borran cuando la función finaliza. Para obtener información de una función, entonces tendreis que utilizar `return something`.

Una última cosa a señalar es que el valor de e_var se mantiene sin cambios dentro de a_func , puesto que no es un parámetro y nunca aparece a la izquierda de un signo de igualdad dentro de la función `a_func`. Cuando una variable global es consultada dentro de una función se mantiene la variable global del exterior.

Ejemplos

temperature2.py

```python
# converts temperature to Fahrenheit or Celsius

def print_options():
    print("Options:")
    print(" 'p' print options")
    print(" 'c' convert from Celsius")
    print(" 'f' convert from Fahrenheit")
    print(" 'q' quit the program")

def celsius_to_fahrenheit(c_temp):
    return 9.0 / 5.0 * c_temp + 32

def fahrenheit_to_celsius(f_temp):
    return (f_temp - 32.0) * 5.0 / 9.0

choice = "p"
while choice != "q":
    if choice == "c":
        temp = float(raw_input("Celsius
temperature: "))
        print("Fahrenheit:",
celsius_to_fahrenheit(temp))
    elif choice == "f":
        temp = float(raw_input("Fahrenheit
temperature: "))
        print("Celsius:",
fahrenheit_to_celsius(temp))
```

```
        elif choice == "p": #Alternatively choice !=
"q": something that print when anything unexpected
inputed
            print_options()
        choice = raw_input("option: ")
```

Salida:

```
Options:
 'p' print options
 'c' convert from celsius
 'f' convert from fahrenheit
 'q' quit the program
option: c
Celsius temperature: 30
Fahrenheit: 86.0
option: f
Fahrenheit temperature: 60
Celsius: 15.5555555556
option: q
```

area2.py

```
# By Amos Satterlee
print
def hello():
    print('Hello!')

def area(width, height):
    return width * height

def print_welcome(name):
    print('Welcome,', name)

def positive_input(prompt):
    number = float(raw_input(prompt))
    while number <= 0:
        print('Must be a positive number')
        number = float(raw_input(prompt))
    return number

name = raw_input('Your Name: ')
hello()
print_welcome(name)
print()
print('To find the area of a rectangle,')
```

```
print('insert the width and height below.')
print()
w = positive_input('Width: ')
h = positive_input('Height: ')

print('Width =', w, 'Height =', h, 'Area =',
area(w, h))
```

Que produce:

```
Your Name: Josh
Hello!
Welcome, Josh

To find the area of a rectangle,
insert the width and height below.

Width: -4
Must be a positive number
Width: 4
Height: 3
Width = 4 Height = 3 Area = 12
```

Ejercicio

Vuelve a escribir el programa area2.py de los ejemplos de arriba, separando la función del área de un cuadrado, el área de un rectángulo, y el área del círculo (3.14 * radius**2). Este programa incluye una interfaz de menú.

Solución

```
def square(l):
    return l * l

def rectangle(width , height):
    return width * height

def circle(radius):
    return 3.14159 * radius ** 2

def options():
    print()
    print("Options:")
    print("s = calculate the area of a square".)
```

```python
        print("c = calculate the area of a circle".)
        print("r = calculate the area of a rectangle".)
        print("q = quit")
        print()

    print("This program will calculate the area of a
square, circle or rectangle".)
    choice = "x"
    options()
    while choice != "q":
        choice = raw_input("Please insert your choice:
")
        if choice == "s":
            l = float(raw_input("Length of square: "))
            print("The area of this square is",
square(l))
            options()
        elif choice == "c":
            radius = float(raw_input("Radius of the
circle: "))
            print("The area of the circle is",
circle(radius))
            options()
        elif choice == "r":
            width = float(raw_input("Width of the
rectangle: "))
            height = float(raw_input("Height of the
rectangle: "))
            print("The area of the rectangle is",
rectangle(width, height))
            options()
        elif choice == "q":
            print(" ")
        else:
            print("Unrecognized option".)
            options()
```

Ejemplo de función avanzada

Hay gente que encuentra esta sección útil y otra que la encuentra confusa. Si la encontrais confusa podeis pasar al siguiente capítulo (o simplemente mirar los ejemplos). Ahora daremos un paseo por el programa siguiente:

```
def Mult.(a , b):
    if b == 0:
        return 0
    ristra = Mult.(a , b - 1)
    value = a + ristra
    return value
print "3 * 2 = ", Mult.(3, 2)
```

Básicamente este programa crea una función de multiplicación de enteros positivos (que es bastante más lenta que la función de multiplicación existente). A continuación se muestra como se utiliza esta función. Este programa es un ejemplo de la utilización de la recursividad, que es una forma de repetición en la que hay una función que repetidamente se llama a sí misma hasta que se produce una condición para que finalice. Usa adiciones repetidas para dar el mismo resultado que una multiplicación: p.ej. 3 + 3 (adición) da el mismo resultado que 3 * 2 (multiplicación).

Pregunta: ¿Qué es lo primero que hace el programa?
Respuesta: La primera acción que hace es definir la función Mult. en las líneas:

```
def Mult.(a , b):
    if b == 0:
        return 0
    ristra = Mult.(a , b - 1)
    value = a + ristra
    return value
```

Esto crea una función que coge dos parámetros y devuelve un valor cuando se ejecuta. Posteriormente se podrá usar esta función.
¿Qué pasa a continuación?
Se ejecuta la línea posterior a la función, `print("3 * 2 = ", Mult.(3, 2))`.

¿Y que hace esto?

Escribe `3 * 2 =` y el valor resultante de Mult.(3, `2`)

¿Y cual es el valor de la función `Mult.(3, 2)`?

Para verlo tenemos que ir observando paso a paso la función `Mult`.

¿Qué pasa a continuación?

La variable `a` `pasa` a tener el valor 3 que se le ha asignado y la variable `b` pasa a tener el valor 2 asignado.

¿Y entonces?

La línea `if b == 0:` se ejecuta. Desde el momento en que la variable `b` tiene el valor 2 esto es falso por lo cual se salta la línea `return 0`.

¿Y después?

Se ejecuta la línea `ristra = Mult.(a, b - 1)`. Esta línea establece a la variable local `ristra` el valor de Mult.(a, `b - 1`). El valor de a es 3 y el valor de b es 2, de forma que la función se aplica a Mult.(3,1)

¿Y cual es el valor de Mult.(3, `1`)?

Necesitaremos ejecutar la función `Mult.` con los parámetros 3 y 1.

¿Y que pasa a continuación?

Las variables locales para *la nueva* ejecución de la función quedan establecidas con el valor 3 por la variable `a` y el valor 1 por la variable `b`. Cómo estos valores son locales no afectan los valores previos de `a` `y` `b`.

¿Y entonces?

Cómo la variable `b` tiene como valor 1, la declaración *if* es falsa, por lo cual la siguiente línea pasa a ser `ristra = Mult.(a, b - 1)`.

¿Qué hace esta línea?

Esta línea asignará el valor de Mult.(3, `0`) al resto.

¿Y cual es este valor?

Tendremos que ejecutar la función una vez más para encontrarlo. Esta vez `a` `tiene` como valor 3 y b vale 0.

¿Qué pasa ahora?

La primera línea que se ejecuta de la función es `if b == 0:`. `b` tiene como valor 0 de forma que la siguiente línea al ejecutarse es `return 0`

¿Y que hace la línea `return 0`?

Esta línea devuelve el valor 0 a la función.

¿Y?

Pues ahora sabemos que `Mult.(3, 0)` tiene como valor 0. También sabemos qué ha hecho la línea `ristra = Mult.(a, b - 1)` desde que hemos ejecutado la función `Mult.` con los parámetros 3 y 0. Hemos acabado de ejecutar `Mult.(3, 0)` y volvemos a ejecutar `Mult.(3, 1)`. Se asigna el valor 0 a la variable `ristra`.

¿Qué línea se ejecuta a continuación?

Se ejecuta la línea `value = a + ristra`. En esta ejecución de la función, `a = 3` y `ristra = 0` por lo cual `value = 3`.

¿Qué pasa ahora?

Se ejecuta la línea `return value`. Esto da 3 como resultado de la función. Esto también sale de la ejecución de la función `Mult.(3, 1)`. Después de llamar `return`, se vuelve a la ejecución de Mult.(3, 2).

¿Donde estaba a `Mult.(3, 2)`?

Teníamos las variables `a = 3` y `b = 2` y estabamos fijándonos en la línea `ristra = Mult.(a, b - 1)`.

¿Y que pasa ahora?

Se asigna el valor 3 a la variable `ristra`. La línea siguiente `value = a + ristra` establece `value` como 3 + 3 o 6.

¿Y ahora qué pasa?

Se ejecuta la siguiente línea, que devuelve el valor 6 como resultado de la función. Volvemos ahora a ejecutar la línea `print("3 * 2 = ", Mult.(3, 2))` que devuelve el 6.

¿Qué es lo que hemos hecho aplicando esta función a partir de los parámetros especificados?

Básicamente hemos usado dos **hechos** para calcular el múltiplo de dos números. El primero es que cualquier número multiplicado por 0 es 0 (`x * 0 = 0`). El segundo es que el producto de un número por otro es igual al primer número más el primer número multiplicado por el segundo menos 1 (`x * y = x + x * (y - 1)`). De forma que el que pasa es que 3 * 2 se convierte inicialmente en 3 + 3 * 1. A continuación 3 * 1 se convierte en 3 + 3 * 0. Sabiendo que cualquier número por 0 es 0 entonces 3 * 0 es 0. Y podemos calcular que 3 + 3 * 0 es 3 + 0 que es 3. Ahora sabemos cuando es 3 * 1 por lo cual podemos calcular que 3 + 3 * 1 es 3 + 3 que es 6.

Así es como funciona todo ello:

```
3 * 2
3 + 3 * 1
3 + 3 + 3 * 0
3 + 3 + 0
3 + 3
6
```

Recursión

Las construcciones de software de este tipo se denominan *recursivas*. Podeis observar el funcionamiento del ejemplo con el factorial si no habeis acabado de entender el anterior ejemplo de multiplicación.

Ejemplos

factorial.py

```
#define una función que calcula el factorial
def factorial(n):
    if n <= 1:
        return 1
    return n * factorial(n - 1)
print("2! =", factorial(2))
print("3! =", factorial(3))
print("4! =", factorial(4))
print("5! =", factorial(5))
```

Resultado:

```
2! = 2
3! = 6
```

```
4! = 24
5! = 120
```

countdown.py

```
def count_down(n):
    print(n)
    if n > 0:
        return count_down(n-1)
count_down(5)
```

Resultado:

```
5
4
3
2
1
0
```

Listas

Variables con más de un valor

Ya habeis visto variables que contienen un único valor. Aun así hay otros tipos de variables que pueden contener más de un valor. El tipo más sencillo es el denominado "lista".

A continuación se muestra un ejemplo de utilización de una lista:

```
que = int(input("¿Qué mes (1-12)? "))
meses = ['Enero', 'Febrero', 'Marzo', 'Abril',
'Mayo', 'Junio', 'Julio','Agosto', 'Septiembre',
'Octubre', 'Noviembre', 'Diciembre']

if 1 <= que <= 12:
    print("El mes es", meses[que - 1])
```

Aplicando el ejemplo se obtiene:

```
¿Qué mes (1-12)? 3
El mes es marzo
```

En este ejemplo la variable `meses` es una lista. `meses` define las líneas `meses = ['Enero', 'Febrero', 'Marzo', 'Abril', 'Mayo', 'Junio', 'Julio', 'Agosto','Septiembre', 'Octubre', 'Noviembre', 'Diciembre']` (observar que el caracter \ también se puede usar para separar una línea larga, pero no es necesario en este caso porque Python es lo bastante inteligente para reconocer que todo lo que está entre paréntesis forma un conjunto). Los caracteres `[` y `]` inician y acaban la lista, que tiene los elementos separados con comas (`,`). La lista se usa en `meses [que - 1]`. Una lista consiste en varios elementos que se enumeran empezando por 0. En otras palabras, si quereis obtener "Enero" tendreis que usar `meses[0]`. Dando un número a una lista se obtiene el valor que se ha almacenado en ese lugar.

La declaración `if 1 <= que <= 12:` sólo será cierta si `que` es un valor que está entre 1 y 12 (incluidos ambos).

Las listas se pueden entender como series de cajas. Cada caja tiene un valor diferente. Por ejemplo, las cajas creadas por `lista_ejemplo = ['vida', 42, 'universo', 6, 'y', 7]` tendrán esta apariencia:

número caja	0	1	2	3	4	5
Lista_ejemplo	"vida"	42	"universo"	6	"y"	7

Cada caja está referenciada por su número de forma que la declaración `lista_ejemplo[0]` tendrá como valor `'vida'`, `lista_ejemplo[1]` valdrá `42` y así sucesivamente hasta `lista_ejemplo[5]` que valdrá `7`.

Más características de las listas

El siguiente ejemplo es sólo para mostrar otras muchas cosas que pueden hacer las listas.

Algunos ejemplos:

```
lista_ejemplo = ["vida", 42, "universo", 6, "y", 7]
print("lista_ejemplo = ",lista_ejemplo)
lista_ejemplo.append("todo")
print("Después de añadir 'todo' a lista_ejemplo,
ahora es:")
print(lista_ejemplo)
print("len(lista_ejemplo) =", len(lista_ejemplo))
print("lista_ejemplo.index(42) =",
lista_ejemplo.index(42))
print("lista_ejemplo[1] =", lista_ejemplo[1])

# A continuación hacemos un bucle de la lista
c = 0
while c < len(lista_ejemplo):
    print("lista_ejemplo[", c, "] =",
lista_ejemplo[c])
```

```
        c = c + 1

    del lista_ejemplo[2]
    print("Después de suprimir 'universo' de la lista,
ahora tenemos:")
    print(lista_ejemplo)
    if "vida" in lista_ejemplo:
        print("Se ha encontrado 'vida' en
lista_ejemplo")
    else:
        print("No se ha encontrado 'vida' en
lista_ejemplo")

    if "ameba" in lista_ejemplo:
        print("Se ha encontrado 'ameba' en
lista_ejemplo")

    if "ameba" not in lista_ejemplo:
        print("No se ha encontrado 'ameba' en
lista_ejemplo")

    otra_lista = [42,7,0,123]
    otra_lista.sort()
    print("El resultado de ordenar otra_lista es",
otra_lista)
```

Lo que se obtiene es:

```
    lista_ejemplo =  ['vida', 42, 'universo', 6, 'y',
7]
    Después de añadir 'todo' a lista_ejemplo, ahora es:
    ['vida', 42, 'universo', 6, 'y', 7, 'todo']
    len(lista_ejemplo) = 7
    lista_ejemplo.index(42) = 1
    lista_ejemplo[1] = 42
    lista_ejemplo[ 0 ] = vida
    lista_ejemplo[ 1 ] = 42
    lista_ejemplo[ 2 ] = universo
    lista_ejemplo[ 3 ] = 6
    lista_ejemplo[ 4 ] = y
    lista_ejemplo[ 5 ] = 7
    lista_ejemplo[ 6 ] = todo
    Después de suprimir 'universo' de la lista, ahora
tenemos:
    ['vida', 42, 6, 'y', 7, 'todo']
    Se ha encontrado 'vida' en lista_ejemplo
    No se ha encontrado 'ameba' en lista_ejemplo
```

```
  El resultado de ordenar otra_lista es [0, 7, 42,
123]
```

Este ejemplo usa una gran cantidad de nuevas funciones. Podeis ver que se puede `imprimir (print)` toda una lista. También se usa la función `append` para añadir un elemento nuevo al final de la lista. `len` devuelve cuantos elementos hay a la lista. Los índices válidos (como números que se pueden usar dentro de []) en una lista, van desde 0 hasta `len - 1`. La función `index` da como resultado la primera posición donde se encuentra situado un elemento dentro de una lista. Ved cómo `lista_ejemplo.index(42)` da como resultado 1, y como al ejecutar `lista_ejemplo[1]` da como resultado 42. La línea `# A continuación hacemos un bucle de la lista` es simplemente una explicación o recordatorio para el programador (también denominada *comentario*). Python ignora cualquier línea que empiece con `#`.

A continuación, las líneas:

```
c = 0
while c < len(lista_ejemplo):
    print('lista_ejemplo[', c, '] =',
lista_ejemplo[c])
    c = c + 1
```

crean una variable `c`, que empieza con un valor de 0 que se va incrementando hasta que logra el último index de la lista. Mientras, la declaración `print` va insertando como resultado cada elemento de la lista. La orden `del` se usa para suprimir un elemento de una lista. Las líneas siguientes usan el operador `in` para comprobar si un elemento está o no incluido en una lista. La función `sort` ordena la lista. Esta función es útil si es necesario tener la lista ordenada desde el número más pequeño al más grande, o alfabéticamente. Ved que esto reordena la lista.

Resumiendo, se pueden usar las siguientes operaciones con una lista:

ejemplo	Explicación
lista_ejemplo[2]	accede al elemento que tiene el índice 2
lista_ejemplo[2] = 3	establece que el elemento que tiene el índice 2 pase a tener el valor de 3
del lista_ejemplo[2]	suprime el elemento que tiene el índice 2
len(lista_ejemplo)	devuelve el número de elementos de la lista lista_ejemplo
"valor" in lista_ejemplo	es True si "valor" es un elemento de lista_ejemplo.
"valor" not in lista_ejemplo	es True si "valor" no es un elemento de lista_ejemplo.
otra_lista.sort()	ordena otra_lista. Se tiene que tener en cuenta que, para que se pueda ordenar, la lista tiene que tener sólo números o sólo palabras.
lista_ejemplo.index("valor")	devuelve el índice de la primera posición en la que hay el elemento "valor"
lista_ejemplo.append("valor")	añade el elemento "valor" al final de la lista
lista_ejemplo.remove("valor")	suprime la primera aparición de "valor" de lista_ejemplo (pasa lo mismo con del lista_ejemplo[lista_ejemplo.index("valor")])

El ejemplo siguiente también usa estas características:

```
elemento_menu = 0
lista_nombres = []
while elemento_menu != 9:
    print("--------------------")
    print("1. Visualiza la lista")
    print("2. Añade un nombre a la lista")
    print("3. Suprime un nombre de la lista")
    print("4. Cambia un elemento a la lista")
    print("9. Sale")
    elemento_menu = int(input("Seleccionais un
elemento del menú: "))
    if elemento_menu == 1:
        actual = 0
        if len(lista_nombres) > 0:
            while actual < len(lista_nombres):
                print(actual, "".,
lista_nombres[actual])
                actual = actual + 1
        else:
            print("La lista está vacía")
    elif elemento_menu == 2:
        nombre = input("Escribir un nombre a
añadir: ")
        lista_nombres.append(nombre)
    elif elemento_menu == 3:
        suprime_nombre = input("Qué nombre quereis
suprimir: ")
        if suprime_nombre in lista_nombres:
            # lista_nombres.remove(suprime_nombre)
irá bien
            numero_elemento =
lista_nombres.index(suprime_nombre)
            del lista_nombres[numero_elemento]
            # El código anterior sólo suprime la
primera aparición del nombre.
            # El código que hay a continuación
suprime todas las apariciones.
            # while suprime_nombre in
lista_nombres:
            #        numero_elemento =
lista_nombres.index(suprime_nombre)
            #        del
lista_nombres[numero_elemento]
        else:
```

```
                print("No se ha encontrado",
suprime_nombre)
        elif elemento_menu == 4:
            nombre_antiguo = input("Qué nombre quereis
cambiar: ")
            if nombre_antiguo in lista_nombres:
                numero_elemento =
lista_nombres.index(nombre_antiguo)
                nombre_nuevo = input("Cuál es el nombre
nuevo: ")
                lista_nombres[numero_elemento] =
nombre_nuevo
            else:
                print("No se ha encontrado",
nombre_antiguo)

    print("Hasta la vista")
```

A continuación observamos algunos resultados del funcionamiento:

```
--------------------
1. Visualiza la lista
2. Añade un nombre a la lista
3. Suprime un nombre de la lista
4. Cambia un elemento a la lista
9. Sale

Seleccionáis un elemento del menú: 2
Escribir un nombre a añadir: Jack

Seleccionáis un elemento del menú: 2
Escribir un nombre a añadir: Gill

Seleccionáis un elemento del menú: 1
0 . Jack
1 . Gill

Seleccionáis un elemento del menú: 3
Qué nombre quereis suprimir: Jack

Seleccionáis un elemento del menú: 4
Qué nombre quereis cambiar: Gill
Cual es el nombre nuevo: Gill Peters

Seleccionáis un elemento del menú: 1
```

```
0 . Gill Peters
```

```
Seleccionáis un elemento del menú: 9
Hasta la vista
```

Este es un programa largo. Demos un vistazo al código. La línea `lista_nombres = []` establece la variable `lista_nombres` como una lista sin ningún elemento. La siguiente línea importante es `while elemento_menu != 9:`. Esta línea inicia un bucle que pone en funcionamiento el sistema de menú del programa. Las líneas siguientes muestran el menú y deciden qué parte del programa se ejecuta.

La sección

```
actual = 0
if len(lista_nombres) > 0:
    while actual < len(lista_nombres):
        print(actual, ""., lista_nombres[actual])
        actual = actual + 1
else:
    print("La lista es vacía")
```

se mueve por la lista y va escribiendo cada nombre. `len(lista_nombres)` devuelve el número de elementos que hay en la lista. Si `len` devuelve `0`, entonces la lista está vacía.

Mirando algunas líneas más adelante, aparece la declaración `lista_nombres.append(nombre)`. Se usa la función `append` para añadir un elemento al final de la lista.

Saltando dos líneas más abajo, nos fijamos en la siguiente sección del código:

```
numero_elemento =
lista_nombres.index(suprime_nombre)
  del lista_nombres[numero_elemento]
```

Aquí se usa la función `index` para encontrar el valor del índice que se usará posteriormente para suprimir un elemento. `del` `lista_nombres[numero_elemento]` se usa para suprimir un elemento de la lista.

La sección siguiente

```
nombre_antiguo = input("Qué nombre quereis cambiar:
")
  if nombre_antiguo in lista_nombres:
      numero_elemento =
lista_nombres.index(nombre_antiguo)
      nombre_nuevo = input("Cual es el nombre nuevo:
")
      lista_nombres[numero_elemento] = nombre_nuevo
  else:
      print("No se ha encontrado", nombre_antiguo)
```

usa `index` para encontrar `numero_elemento` y entonces pone el contenido de nombre_nuevo donde había el `nombre_antiguo`.

Ejemplos

test.py

```
## Este programa ejecuta una prueba de conocimiento

# Primero, obtiene las preguntas de la prueba
# Posteriormente esto se modificará para usar hile
io.
  def obte_preguntas():
      # Fijaos que los datos se almacenan como una
lista de listas
      return [["Cuál es el color del cielo en un día
claro? ", "azul"],
              ["Cuál es la respuesta a la vida, al
universo y para cualquier cosa? ", "42"],
              ["Cuál es la palabra de cuatro letras
para un cazador de ratas? ", "gato"]]

  # Esto hará una sola pregunta
  # coge una sola pregunta
  # devuelve True si la respuesta escrita es la
correcta, en caso contrario devuelve False

  def comprueba_pregunta(pregunta_y_respuesta):
```

```
        # extrae la pregunta y la respuesta de la lista
        pregunta = pregunta_y_respuesta[0]
        respuesta = pregunta_y_respuesta[1]
        # hace la pregunta al usuario
        respuesta_dada = input(pregunta)
        # compara la respuesta del usuario con la
respuesta del programa
        if respuesta == respuesta_dada:
            print("Correcto")
            return True
        else:
            print("Incorrecto, la respuesta correcta
es:", respuesta)
            return False

    # Esto irá recorriendo todas las preguntas
    def ejecuta_prueba(preguntas):
        if len(preguntas) == 0:
            print("No hay preguntas".)
            # con return sale del programa
            return
        index = 0
        correcto = 0
        while index < len(preguntas):
            # Comprueba la pregunta
            if comprueba_pregunta(preguntas[index]):
                correcto = correcto + 1
            # va a la pregunta siguiente
            index = index + 1
        # ver el orden de los cálculos, primero
multiplicar después dividir
        print("Habeis acertado el", correcto * 100 /
len(preguntas),\
                "% de las", len(preguntas), "preguntas")

    # ahora hacemos las preguntas

    ejecuta_prueba(obte_preguntas())
```

Los valores `True` y False valen 1 y 0, respectivamente. Se usan en comprobaciones, condiciones de los bucles etc. Aprenderemos algo más sobre esto próximamente (capítulo Expresiones Booleanas).

Ejemplo de aplicación del programa:

```
Cuál es el color del cielo en un día claro? verde
Incorrecto, la respuesta correcta es:: azul
Cuál es la respuesta a la vida, al universo y para
cualquier cosa? 42
Correcto
Cuál es la palabra de cuatro letras para un cazador
de ratas? gato
Correcto
Habeis acertado el 66 % de las 3 preguntas
```

Ejercicios

Ampliar el programa test.py de forma que tenga un menú que dé la opción de hacer la prueba, ver la lista de preguntas y respuestas y la opción de salir. También añadir una nueva cuestión para preguntar, "Qué ruido hace una máquina avanzada?" con la respuesta de "ping".

Solución

```
## Este programa hace una prueba de conocimiento

preguntas = [["Cuál es el color del cielo en un día
claro? ", "azul"],
        ["Cuál es la respuesta a la vida, al
universo y por cualquier cosa? ", "42"],
        ["Cuál es la palabra de tres letras por
un cazador de ratas? ", "gato"],
        ["Qué ruido hace una máquina
avanzada?", "ping"]]

# Esto hará una sola pregunta
# coge una sola pregunta
# devuelve True si la respuesta escrita es la
correcta, en caso contrario devuelve False

def comprueba_pregunta(pregunta_y_respuesta):
    # extrae la pregunta y la respuesta de la lista
    pregunta = pregunta_y_respuesta[0]
    respuesta = pregunta_y_respuesta[1]
    # hace la pregunta al usuario
    respuesta_dada = input(pregunta)
```

```python
        # compara la respuesta del usuario con la
respuesta del programa
        if respuesta == respuesta_dada:
            print("Correcto")
            return True
        else:
            print("Incorrecto, la respuesta correcta
es:", respuesta)
            return False

    # Esto irá recorriendo todas las preguntas

    def ejecuta_prueba(preguntas):

        if len(preguntas) == 0:
            print("No hay preguntas".)
            # return sale del programa
            return
        index = 0
        correcto = 0
        while index < len(preguntas):
            # Comprueba la pregunta
            if comprueba_pregunta(preguntas[index]):
                correcto = correcto + 1
            # va a la pregunta siguiente
            index = index + 1
        # ver el orden de los cálculos, primero
multiplicar después dividir
        print("Habeis acertado el ", correcto * 100 /
len(preguntas),\
                "% de las", len(preguntas), "preguntas")

    #Muestra la lista de preguntas y respuestas
    def mostrarpreguntas():
        q = 0
        while q < len(preguntas):
            a = 0
            print("Q:" , preguntas[q][a ])
            a = 1
            print("A:" , preguntas[q][a ])
            q = q + 1

    # ahora definimos la función del menú
    def menu():
        print("-----------------")
        print("Menú:")
        print("1 - Haz la prueba")
```

```python
        print("2 - Visualiza la lista de preguntas y
respuestas")
        print("3 - Visualiza el menú")
        print("5 - Sale")
        print("-----------------")

   opcion = "3"
   while opción != "5":
        if opcion == "1":
            ejecuta_prueba(preguntas)
        elif opcion == "2":
            mostrarpreguntas()
        elif opcion == "3":
            menu()
        print()
        opcion = input("Elegir la opción del menú que
quereis: ")
```

Bucles for

Y aquí está el nuevo ejercicio para teclear en este capítulo:

```
lista = range(1, 11)
for contador in lista:
    print(contador)
```

y el resultado es:

```
1
2
3
4
5
6
7
8
9
10
```

El resultado parece terriblemente familiar pero el código del programa es diferente. La primera línea usa la función range. La función range usa dos argumentos así range(comienzo, final). "comienzo" es el primer número que se produce. final es una unidad más grande que el último número. Fijaos que este programa se podría haber hecho de una manera más corta:

```
for contador in range (1, 11):
    print(contador)
```

La función range es un iterable. Esto se puede transformar en una lista con la función list. Aquí hay algunos ejemplos para mostrar que pasa con el mando range:

```
>>> range(1, 10)
range(1, 10)
>>> list(range(1, 10))
[1, 2, 3, 4, 5, 6, 7, 8, 9]
>>> list(range(-32, -20))
```

```
[-32, -31, -30, -29, -28, -27, -26, -25, -24, -23,
-22, -21]
>>> list(range(5,21))
[5, 6, 7, 8, 9, 10, 11, 12, 13, 14, 15, 16, 17, 18,
19, 20]
>>> list(range(5))
[0, 1, 2, 3, 4]
>>> list(range(21, 5))
[]
```

La siguiente línea for contador in lista: usa la estructura de control for. Una estructura de control for tiene el aspecto de for variable in lista:. lista pasa por todos los elementos empezando con el primer elemento de la lista y acabando con el último. A medida que for pasa por cada elemento de la lista lo pone a la variable. Esto permite que variable se use en cada una de las sucesivas veces que se ejecuta el bucle for. Aquí hay otro ejemplo de demostración:

```
listademo = ['vida', 42, 'el universo', '6', 'y',
'7', 'todo']
for objeto in listademo:
    print("El objeto actual es:",objeto)
```

El resultado es:

```
El objeto actual es: vida
El objeto actual es: 42
El objeto actual es: el universo
El objeto actual es: 6
El objeto actual es: y
El objeto actual es: 7
El objeto actual es: todo
```

Fijaos como el bucle for resigue cada elemento de la lista y establece el valor de objeto igual al de cada elemento de la lista. Así, ¿para que va bien el for? El primer uso es para pasar a través de todos los elementos de una lista y hacer algo con cada uno de ellos.

Aquí hay una forma rápida para sumar todos los elementos:

```
lista = [2, 4, 6, 8]
suma = 0
for numero in lista:
    suma = suma + numero

print("La suma es:", suma)
```

donde el resultado es simplemente:

```
La suma es: 20
```

O podríais escribir un programa para encontrar si hay algunos elementos duplicados en una lista tal como hace este programa:

```
lista = [4, 5, 7, 8, 9, 1, 0, 7, 10]
lista.sort()
previo = lista[0]
del lista[0]
for elemento in lista:
    if previo == elemento:
        print("Se ha encontrado un duplicado de",
previo)
    previo = elemento
```

y da:

```
Se encontrado un duplicado de 7
```

Bien, así ¿como funciona? Aquí hay una versión especial de depuración para ayudaros a entenderlo:

```
l = [4, 5, 7, 8, 9, 1, 0, 7, 10]
print("l = [4, 5, 7, 8, 9, 1, 0, 7, 10]", "\t\tl:",
l)
l.sort()
print("l.sort()", "\t\tl:", l)
previo = l[0]
print("previo = l[0]", "\t\tprev:", previo)
del l[0]
print("del l[0]", "\t\tl:", l)
for objeto in l:
    if previo == objeto:
```

```
        print("Se ha encontrado duplicado de",
previo)
      print("if previo == objeto:", "\t\tprevio:",
previo, "\tobjeto:", objeto)
      previo = objeto
      print("previo = objeto", "\t\tprevio:", previo,
"\tobjeto:", objeto)
```

siendo el resultado:

l = [4, 5, 7, 8, 9, 1, 0, 7, 10]   l: [4, 5, 7, 8, 9, 1, 0, 7, 10]

l.sort()	l: [0, 1, 4, 5, 7, 7, 8, 9, 10]
previo = l[0]	previo: 0
del l[0]	l: [1, 4, 5, 7, 7, 8, 9, 10]

if previo == objeto:	previo: 0	objeto: 1
previo = item	previo: 1	objeto: 1
if previo == objeto:	previo: 1	objeto: 4
previo = item	previo: 4	objeto: 4
if previo == objeto:	previo: 4	objeto: 5
previo = item	previo: 5	objeto: 5
if previo == objeto:	previo: 5	objeto: 7
previo = item	previo: 7	objeto: 7

Se ha encontrado duplicado de 7

if previo == objeto:	previo: 7	objeto: 7
previo = item	previo: 7	objeto: 7
if previo == objeto:	previo: 7	objeto: 8
previo = item	previo: 8	objeto: 8
if previo == objeto:	previo: 8	objeto: 9
previo = item	previo: 9	objeto: 9
if previo == objeto:	previo: 9	objeto: 10
previo = item	previo: 10	objeto: 10

La razón de poner tantas instrucciones print en el código es para poder ver lo que está pasando en cada línea. (Por cierto, si no podeis imaginar por qué no está funcionando un programa, intentar insertar multiples instrucciones print en lugares de donde querais saber qué está pasando).

Primero el programa empieza con una lista antigua aburrida. Después el programa ordena la lista. Esta es la forma para que algunos duplicados se pongan el uno junto al otro. Entonces el programa inicializa la variable "previo". Después el primer elemento de la lista se suprime de forma que no se crea incorrectamente que el primer elemento es un duplicado. Después se entra en un bucle `for`. Cada elemento de la lista se comprueba para ver si es el mismo que el previo. Si se encontraba un duplicado. Entonces el valor de previo se cambia de forma que la próxima vez que el bucle `for` se ejecuta completamente `previo` es el elemento previo al actual. Efectivamente, se encuentra que el 7 es un duplicado. (Fijaos cómo se usa \t\t para escribir un tabulador).

La otra forma de usar el bucle `for` es para hacer algo un determinado número de veces. Aquí hay un código para escribir los primeros 9 números de la serie de Fibonacci:

```
a =  1
b = 1
for c in range (1, 10):
    print(a ,end=" ")
    n = a + b
    a =  b
    b = n
```

Con el sorpresivo resultado:

```
1 1 2 3 5 8 13 21 34
```

Todo lo que se puede hacer con los bucles `for` también se puede hacer con bucles `while` pero los bucles `for` suministran una forma fácil de pasar por todos los elementos de una lista o de hacer algo un determinado número de veces.

Expresiones booleanas

Aquí hay un pequeño ejemplo de expresiones booleanas:

```
a =  6
b = 7
c = 42
print(1, a ==  6)
print(2, a ==  7)
print(3, a ==  6 and b == 7)
print(4, a ==  7 and b == 7)
print(5, not a ==  7 and b == 7)
print(6, a ==  7 or b == 7)
print(7, a ==  7 or b == 6)
print(8, not (a ==  7 and b == 6))
print(9, not a ==  7 and b == 6)
```

La ejecución de este código origina la siguiente respuesta:

```
1 True
2 False
3 True
4 False
5 True
6 True
7 False
8 True
9 False
```

¿Qué es lo que pasa? El programa consiste en una serie de valoraciones `print()` de declaraciones. Cada declaración `print` devuelve un número y una expresión. El número sirve para ayudarnos a hacer el seguimiento de a qué respuesta corresponde en cada declaración. Ved que cada expresión se resuelve con una respuesta que es `False` (Falso) o True (Verdad). En Python *false* también se puede escribir con un *0* y true con un *1*.

Las líneas:

```
print(1, a ==  6)
print(2, a ==  7)
```

dan como respuesta `True` y False respectivamente puesto que la primera expresión es verdad y la segunda es falsa. La tercera respuesta, `print(3, a == 6 and b == 7)`, es un poco diferente. El operador `and` condiciona que ambas expresiones sean verdaderas para que el valor del conjunto de la expresión sea verdadera. Si una o las dos expresiones son *False* entonces el resultado de la expresión será *False*. La línea siguiente, `print(4, a == 7 and b == 7)`, permite comprobar que si una parte de una expresión con un `and` es falsa, entonces el conjunto es falso. El comportamiento del operador `and` se puede resumir de la siguiente manera:

expresión	resultado
true `and` true	True
true `and` false	False
false `and` true	False
false `and` false	False

Ved que si la primera expresión es falsa Python ya no comprueba la segunda expresión porque el conjunto será falso. Probar a ejecutar `False and print("")` y comparadlo con la ejecución de True `and print("")` El término técnico para esto es Evaluación a corto circuito

La línea siguiente, `print(5, not a == 7 and b == 7)`, usa el operador `not`. `not` simplemete devuelve lo opuesto de la expresión. (La expresión se podría reescribir como `print(5, a != 7 and b == 7)`).

De esta forma:

expresión	resultado
`not` true	False
`not` false	True

Las dos líneas siguientes, `print(6, a == 7 or b == 7)` y print(7, `a == 7 or b == 6`), usan el operador `or`. El operador `or` devuelve true si la primera expresión es true, o si la segunda expresión es true o ambas son true. Si ninguna de las expresiones es true entonces devuelve false. Esta es la forma:

expresión	resultado
true or true	true
true or false	true
false or true	true
false or false	false

Ved que si la primera expresión es true entonces Python ya no comprueba la segunda expresión porque ya sabe que el conjunto de la expresión será true (por el operador or). Esto funciona de forma que or es true si como mínimo alguno de los elementos de la expresión es cierto (true). La primera parte es cierta (true) de forma que la segunda parte podría ser cierta o falsa, pero el conjunto de la expresión continuaría siendo cierto (porque la condición es que alguno sea cierto).

Las dos líneas siguientes, `print(8, not (a == 7 and b == 6))` y `print(9, not a == 7 and b == 6)`, permiten comprobar que los paréntesis se pueden usar para agrupar expresiones y forzar que se evalúe primero una de las partes. Ved que los paréntesis cambian el resultado de la expresión de falso a cierto. Esto pasa porque los paréntesis hacen que se aplique el `not` a toda la expresión en vez de aplicarse sólo a la porción de la expresión `a == 7`.

A continuación se muestra un ejemplo de utilización de una expresión booleana:

```
lista = ["Vida", "Universo", "Todo", "Jack",
"Gill", "Vida", "Gill"]

# haz una copia de la lista. Ver el capítulo "Más
sobre listas" para ver qué significa [:].
copia = lista[:]
# ordena la copia
copia.sort()
```

```
prev = copia[0]
del copia[0]

contador = 0

# Avanza por la lista para encontrar una
coincidencia
while contador < len(copia) and copia[contador] !=
prev:
    prev = copia[contador]
    contador = contador + 1

# Si no se ha encontrado ninguna coincidencia
entonces contador no puede ser < len
# puesto que el bucle while continúa mientras
contador es < len
# y no se encuentra ninguna coincidencia

if contador < len(copia):
    print("Primera coincidencia:", prev)
```

La ejecución de este código origina la siguiente respuesta:

```
Primera coincidencia: Gill
```

Este programa lo que hace es ir comprobando determinadas condiciones `while contador < len(copia)` y `copia[contador] no es igual a prev`. Si `contador` es más grande que el último index de copia o bien copia[contador] es igual a prev entonces el `and` deja de ser cierto y sale del bucle. El `if` simplemente hace una comprobación para asegurar que el `while` ha salido porque se ha encontrado una coincidencia.

La otra característica de `and` se usa en este ejemplo. Si mirais la tabla de `and` podeis ver que la tercera entrada es "false and false". Si `contador >= len(copia)` (en otras palabras `contador < len(copia)` es false) entonces nunca se mirará `copia[contador]`. Esto es así porque Python sabe que si el primero es falso entonces ambos no pueden ser verdad. Esto se conoce como corto circuito y es útil si la segunda mitad de `and` puede causar un error si hay algo que no es correcto. Se ha usado la primera expresión (`contador < len(copia)`) para comprobar y ver si `contador` era un índice válido para `copia`. (Si teneis alguna duda que esto sea así podeis suprimir las coincidencias "Gill" y "Life", comprobar que todavía funciona entonces cambiar el orden de `contador < len(copia)` `and copia[contador] != prev` para que sea `copia[contador] != prev and contador < len(copia)`).

Las expresiones booleanas se pueden usar cuando es necesario comprobar dos o más cosas diferentes a la vez.

Notas sobre Operadores Booleanos

Un error común entre los programadores más noveles es la mala interpretación sobre la manera como funcionan los operadores booleanos, que viene de la forma en como el intérprete de Python lee estas expresiones. Por ejemplo, después del aprendizaje inicial sobre las declaraciones "and " y "or", se puede asumir que la expresión `x == ('a' or 'b')` comprobará si la variable `x` es equivalente a una de las dos cadenas `'a'` o `'b'`. Esto no es así. Para ver qué es lo que realmente pasa, abrir una sesión con el intérprete de comandos e introducir las expresiones siguientes:

```
>>> 'a' == ('a' or 'b')
>>> 'b' == ('a' or 'b')
>>> 'a' == ('a' and 'b')
>>> 'b' == ('a' and 'b')
```

Y este será el resultado intuitivo:

```
>>> 'a' == ('a' or 'b')
True
>>> 'b' == ('a' or 'b')
False
>>> 'a' == ('a' and 'b')
False
>>> 'b' == ('a' and 'b')
True
```

En este punto, los operadores `and` y `or` parecen erróneos. No parece que tenga sentido que, para las dos primeras expresiones, `'a'` sea equivalente a 'a' o 'b' mientras que `'b'` no lo sea. Además, no tiene ningún sentido que 'b' sea equivalente a 'a' y 'b' . Después de examinar qué hace el intérprete con los operadores booleanos, estos resultados hacen de hecho exactamente lo que se les pide, que no es lo mismo que lo que piensas que estás pidiendo.

Cuando el intérprete Python mira la expresión `or`, coge la primera declaración y hace la comprobación para ver si es cierta (true). Si la primera declaración es cierta (true), entonces Python devuelve este valor del objeto sin comprobar la segunda declaración. Esto es así porque para una expresión `or`, el conjunto es cierto si uno de los valores es cierto; el programa no tiene por qué molestarse en mirar la segunda declaración. Por otro lado, si el primer valor es evaluado como falso Python comprueba la segunda mitad y devuelve este valor. Esta segunda mitad determina el valor verdadero del conjunto de la expresión desde el momento en que la primera mitad era falsa. Esta "pereza" por parte del intérprete se denomina "corto circuito" y es una manera común de evaluar las expresiones booleanas en muchos lenguajes de programación.

De manera similar, para una expresión `and`, Python usa la técnica del corto circuito para acelerar la evaluación del valor verdadero. Si la primera declaración es falsa entonces el conjunto tiene que ser falso, de forma que devuelve este valor. Por otro lado si el primer valor es verdad (true), entonces comprueba el segundo y devuelve este valor.

Una cosa a tener en cuenta en este punto es que la expresión booleana devuelve un valor indicando `True` o False , pero Python considera un número de cosas diferentes para asignar un valor cierto. Para comprobar el valor cierto de cualquier objeto dado `x`, se puede usar la función `bool(x)` para ver sus valores verdaderos.

A continuación se muestra una tabla con ejemplos de valores verdaderos de varios objetos:

True	**False**
True	False
1	0

Números diferentes de cero	La cadena 'None'
Cadenas que no son vacías	Cadenas vacías
Listas que no son vacías	Listas vacías
Diccionarios que no son vacíos	Diccionarios vacíos

Ahora es posible entender los resultados confusos que se han obtenido haciendo la prueba de las expresiones booleanas anteriores. Damos un vistazo a lo que "ve" el intérprete de comandos tal como va leyendo el código:

Primer caso:

```
>>> 'a' == ('a' or 'b')
# Fijémonos primero en los paréntesis, de forma que
evalúe la expresión "('a' or 'b')"
# 'a' es una cadena que no es vacía, de forma que
el primer valor es True
# Devuelve este primer valor: 'a'

>>> 'a' == 'a'
# la cadena 'a' es equivalente a la cadena 'a', por
lo cual la expresión es True
True
```

Segundo caso:

```
>>> 'b' == ('a' or 'b')
# Fijémonos primero en los paréntesis, de forma que
evalúe la expresión "('a' or 'b')"
# 'a' es una cadena que no es vacía, de forma que
el primer valor es True
# Devuelve este primer valor: 'a'

>>> 'b' == 'a'
# la cadena 'b' no es equivalente a la cadena 'a',
por lo cual la expresión es False
False
```

Tercer caso:

```
>>> 'a' == ('a' and 'b')
# Fijémonos primero en los paréntesis, de forma que
evalúe la expresión "('a' and 'b')"
```

```
    # 'a' es una cadena que no es vacía, de forma que
el primer valor es True; examina el segundo valor
    # 'b' es una cadena que no es vacía, de forma que
el segundo valor es True
    # Devuelve este segundo valor como resultado de
toda la expresión: 'b'

    >>> 'a' == 'b'
    # la cadena 'a' no es equivalente a la cadena 'b',
y por lo tanto la expresión es False
    False
```

Cuarto caso:

```
    >>> 'b' == ('a' and 'b')
    # Fijémonos primero en los paréntesis, de forma que
evalúe la expresión "('a' and 'b')"
    # 'a' es una cadena que no es vacía, de forma que
el primer valor es True; examina el segundo valor
    # 'b' es una cadena que no es vacía, de forma que
el segundo valor es True
    # Devuelve este segundo valor como resultado de
toda la expresión: 'b'

    >>> 'b' == 'b'
    # la cadena 'b' es equivalente a la cadena 'b', y
por lo tanto la expresión es True
    True
```

Por lo cual Python estaba haciendo realmente su trabajo cuando nos daba aquellos resultados aparentemente erróneos. Tal como se ha mencionando anteriormente, lo que es importante es reconocer cuál será el valor que devolverá la expresión cuando se evalúe, porque no siempre es obvio.

Volviendo atrás hacia las expresiones iniciales, así es como se tendría que haber escrito para obtener lo que con toda probabilidad queríais obtener:

```
    >>> 'a' == 'a' or 'a' == 'b'
    True
    >>> 'b' == 'a' or 'b' == 'b'
    True
    >>> 'a' == 'a' and 'a' == 'b'
```

```
False
>>> 'b' == 'a' and 'b' == 'b'
False
```

Cuando se evalúan estas comparaciones devuelven valores verdaderos en términos de True o False, no cadenas de texto, y por lo tanto obtenemos los resultados adecuados.

Ejemplos

password1.py

```
# Este programa pregunta al usuario un nombre y una
palabra clave.
# Entonces comprueba que el usuario tenga acceso.

nombre = input("Cuál es vuestro nombre? ")
palabra_clave = input("Cuál es la palabra clave? ")
if nombre == "Juan" and palabra_clave == "Viernes":
    print("Bienvenido Juan")
elif nombre == "Miguel" and palabra_clave ==
"Saturno":
    print("Bienvenido Miguel")
else:
    print("Usuario incorrecto".)
```

El ejemplo funciona de la siguiente manera

```
Cuál es vuestro nombre? Juan
Cuál es la palabra clave? Viernes
Bienvenido Juan
Cuál es vuestro nombre? Miguel
Cuál es la palabra clave? Rojo
Usuario incorrecto.
```

Ejercicios

Escribir un programa para que un usuario acierte vuestro nombre, pero que sólo tenga tres oportunidades antes de que el programa salga.

Solución:

```
print("Probais de descubrir mi nombre!")
contador = 1
nombre = "Guillermo"
pregunta = input("Cuál es mi nombre? ")
while contador < 3 and pregunta.lower() != nombre:
    print("No es este!")
    pregunta = input("Cuál es mi nombre? ")
    contador = contador + 1

if pregunta.lower() != nombre:
    print("No es este!") # este mensaje no se
escribe después del tercer intento, que es cuando se
escribe
    print("Se han acabado las oportunidades".)
else:
    print("Sí! Mi nombre es", nombre + "!")
```

Diccionarios

En este apartado tratamos los diccionarios. Los diccionarios tienen claves y valores. Las claves se usan para encontrar los valores. Aquí hay un ejemplo de uso de un diccionario:

```python
def print_menu():
    print('1. Números de teléfono')
    print('2. Añadir un número de teléfono')
    print('3. Eliminar un número de teléfono')
    print('4. Buscar un número de teléfono')
    print('5. Salir')
    print()

numeros = {}
eleccion_menu = 0
print_menu()
while eleccion_menu != 5:
    eleccion_menu = int(input("Teclear un número
(1-5): "))
    if eleccion_menu == 1:
        print("Números de teléfono:")
        for x in numeros.keys():
            print("Nombre: ", x, "\tNúmero:",
numeros[x])
        print()
    elif eleccion_menu == 2:
        print("Añadir Nombre y Número")
        nombre = input("Nombre: ")
        telefono = input("Número: ")
        numeros[nombre] = telefono
    elif eleccion_menu == 3:
        print("Eliminar Nombre y Número")
        nombre = input("Nombre: ")
        if nombre in numeros:
            del numeros[nombre]
        else:
            print("No se ha encontrado", nombre)
    elif eleccion_menu == 4:
        print("Buscar Número")
        nombre = input("Nombre: ")
        if nombre in numeros:
            print("El número es", numeros[nombre])
        else:
            print("No se ha encontrado", nombre)
    elif eleccion_menu != 5:
        print_menu()
```

Y este es el resultado:

```
1. Números de teléfono
2. Añadir un número de teléfono
3. Eliminar un número de teléfono
4. Buscar un número de teléfono
5. Salir

Teclear un número (1-5): 2
Añadir Nombre y Número
Nombre: Marc
Número: 545-4464
Teclear un número (1-5): 2
Añadir Nombre y Número
Nombre: Carlos
Número: 979-4654
Teclear un número (1-5): 2
Añadir Nombre y Número
Nombre: Juan
Número: 132-9874
Teclear un número (1-5): 1
Números de teléfono::
Nombre: Carlos    Número: 979-4654
Nombre: Marc      Número: 545-4464
Nombre: Juan      Número: 132-9874

Teclear un número (1-5): 4
Buscar Número
Nombre: Marc
El número es 545-4464
Teclear un número (1-5): 3
Eliminar Nombre y Número
Nombre: Juan
Teclear un número (1-5): 1
Números de teléfono:
Nombre: Carlos    Número: 979-4654
Nombre: Marc      Número: 545-4464

Teclear un número (1-5): 5
```

Este programa es similar a la lista de nombres vista anteriormente en el capítulo sobre listas. Aquí vemos como trabaja el programa. Primero se define la función print_menu. print_menu sólo escribe un menú que más tarde se usará dos veces en el programa. Después viene la línea con aspecto extraño `numeros = {}`. Todo lo que esta línea hace es decir a Python que `numeros` es un diccionario. Las siguientes líneas sólo hacen que el menú funcione. Las líneas

```
for x in numeros.keys():
    print "Nombre:", x, "\tNúmero:", numeros[x]
```

recorre el diccionario o escribe toda la información. La función `numeros.keys()` devuelve una lista que entonces se usa en el bucle `for`. La lista devuelta por `keys()` no está en ningún orden particular así que si se quiere en orden alfabético se tiene que ordenar. De forma similar a lo que se hace con las listas la expresión `numeros[x]` se usa para acceder a un miembro específico del diccionario. Naturalmente en este caso x es una cadena. La línea siguiente `numeros[nombre] = telefono` añade un número de teléfono y un nombre al diccionario. Si `nombre` ya está en el diccionario `telefono` reemplazaría cualquier cosa que hubiera antes. Las siguientes líneas

```
if nombre in numeros:
    del numeros[nombre]
```

comprueban si un nombre está en el diccionario y lo sacan si lo es. El operador `nombre in` numeros devuelve true si `nombre` esta en `numeros`, si no devuelve false. La línea `del numeros[nombre]` elimina `nombre` y el valor asociado con esta clave. Las líneas

```
if nombre in numeros:
    print("El número es", numeros[nombre])
```

comprueban para ver si el diccionario tiene una clave determinada y si lo hace imprimen el número asociado a ella. Finalmente, si la opción del menú no es válida reimprime el menú.

Una recapitulación: los diccionarios tienen claves y valores. Las claves pueden ser cadenas o números. Las claves apuntan a los valores. Los valores pueden ser cualquier tipo de variable (Incluidas las listas o diccionarios). He aquí un ejemplo del uso de una lista en un diccionario:

```python
    max_points = [25, 25, 50, 25, 100]
    assignments = ['hw ch 1', 'hw ch 2', 'quiz   ', 'hw
ch 3', 'test']
    students = {'#Max': max_points}

    def print_menu():
        print("1. Añadir Estudiante")
        print("2. Borrar Estudiante")
        print("3. Imprimir Notas")
        print("4. Grabar Nota")
        print("5. Ver Menu")
        print("6. Salida")

    def print_ajo_gradas():
        print('\t', end=' ')
        for e in range (len(assignments)):
            print(assignments[y ], '\t', end=' ')
        print()
        keys = list(students.keys())
        keys.sort()
        for x in keys:
            print(x, '\t', end=' ')
            gradas = students[x]
            print_gradas(gradas)

    def print_gradas(gradas):
        for e in range (len(gradas)):
            print(gradas[y ], '\t', end=' ')
        print()

    print_menu()
    menu_choice = 0
    while menu_choice != 6:
        print()
        menu_choice = int(input("Escoger opción (1-6):
"))
        if menu_choice == 1:
            name = input("Estudiante a añadir: ")
            students[name] = [0] * len(max_points)
        elif menu_choice == 2:
            name = input("Estudiante a borrar: ")
            if name in students:
                del students[name]
            else:
                print("Estudiante:", name, "no
encontrado")
        elif menu_choice == 3:
```

```
            print_ajo_gradas()
        elif menu_choice == 4:
            print("Grabar Nota")
            name = input("Estudiante: ")
            if name in students:
                gradas = students[name]
                print("Escribe la nota a grabar")
                print("Type a 0 (cero) to exit")
                for e in range (len(assignments)):
                    print(y + 1, assignments[y ], '\t',
end=' ')
                print()
                print_gradas(gradas)
                which = 1234
                while which != -1:
                    which = int(input("Cambiar por la
nota: "))
                    which -= 1 #quiere decir lo mismo
que which=which - 1
                    if 0 <= which < len(gradas):
                        grade = int(input("Nota: "))
                        gradas[which] = grade
                    elif which != -1:
                        print("Nota inválida")
            else:
                print("Estudiando no encontrado")
        elif menu_choice != 6:
            print_menu()
```

Y este es el resultado:

```
1. Añadir Estudiante
2. Borrar Estudiante
3. Imprimir Notas
4. Grabar Nota
5. Ver Menu
6. Salida

Escoger opción (1-6): 3
```

	hw ch 1	hw ch 2	quiz	hw ch 3	test
#Max	25	25	50	25	100

```
Escoger opción (1-6): 5
1. Añadir Estudiando
2. Borrar Estudiando
3. Imprimir Notas
```

```
4. Grabar Nota
5. Ver Menu
6. Salida

Escoger opción (1-6): 1
Estudiante a añadir: : Bill

Escoger opción (1-6): 4
Grabar Nota
Estudiante: : Bill
Escribe la nota a grabar
Type a 0 (cero) to exit
1    hw ch 1     2    hw ch 2     3    quiz        4
hw ch 3      5    test
0                   0                  0                  0
0
```

Cambiar por la nota: **1**
Nota: **25**
Cambiar por la nota: **2**
Nota: **24**
Cambiar por la nota: **3**
Nota: **45**
Cambiar por la nota: **4**
Nota: **23**
Cambiar por la nota: **5**
Nota: **95**
Cambiar por la nota: **0**

Escoger opción (1-6): **3**

	hw ch 1	hw ch 2	quiz	hw ch 3	test
#Max	25	25	50	25	100
Bill	25	24	45	23	95

Escoger opción (1-6): **6**

Así es como funciona el programa. Básicamente, la variable students es un diccionario donde las claves son el nombre de los estudiantes y los valores son sus notas. Las dos primeras líneas crean dos listas. La siguiente línea students = {'#Max': max_points} crea un nuevo diccionario con la clave {#Max} y el valor se fija para ser [25, 25, 50, 25, 100] (Se usa Max desde que # se ordena por cualquier carácter alfabético). Después

print_menu es definido. A continuación, la función
print_ajo_gradas está definida en las líneas:

```
def print_ajo_gradas():
    print('\t',end=" ")
    for e in range (len(assignments)):
        print(assignments[y ], '\t',end=" ")
    print()
    keys = list(students.keys())
    keys.sort()
    for x in keys:
        print(x, '\t',end=' ')
        gradas = students[x]
        print_gradas(gradas)
```

Observáis como primero las claves se consiguen del diccionario
students con la función keys en la línea keys =
list(students.keys()). keys es un iterativo, y se convertirá a
lista para todas las funciones por listas que se pueden utilizar. A
continuación las claves se ordenan en la línea keys.sort(). for se
utiliza para pasar por todas las claves. Los grados se almacenan
como una lista dentro del diccionario para la asignación gradas =
students[x] da gradas de la lista que se almacenan en la clave x.
La función print_gradas sólo imprime una lista y se define unas
líneas más adelante.

Las últimas líneas del programa implementan las diferentes
opciones del menú. La línea students[name] = [0] *
len(max_points) añade un estudiante a la clave de su nombre. La
nota [0] * len(max_points) simplemente crea una lista de 0's
con la misma longitud que la lista de max_points.

La entrada para borrar estudiantes simplemente borra de una
manera similar al ejemplo de la guía telefónica. El registro de las
notas es algo más complejo. Las calificaciones se gestionan en la
línea gradas = students[name], tomando como referencia el
estudiante mediante name. Entonces la nota se registra en la línea
gradas[which] = grade. Os podreis dar cuenta que gradas no se
incluye nunca en el diccionario de los estudiantes (no a los
students[name] = gradas). Esto es debido a que gradas se

realimenta de otro nombre de students[name] , y al cambiar `gradas` se cambia `student[name]`.

Los diccionarios proporcionan una forma fácil de vincular valores y claves. Esto puede ser usado para mantener fácilmente un registro de datos que se adjunta a las diferentes claves.

Crear un archivo cal.py

`import` busca un archivo con el nombre de calendar.py . Si encuentra un archivo con el nombre de calendar.py para importar, intente ver su contenido:

```
import calendar
year = int(input("Escribir el año: "))
calendar.prcal(year)
```

Aquí puede observar parte del resultado que se obtiene:

```
Escribir el año: 2001

                              2001

          January                 February
March

   Mo Tu We Th Fr Sa Su     Mo Tu We Th Fr Sa Su
Mo Tu We Th Fr Sa Su
    1  2  3  4  5  6  7                 1  2  3  4
 1  2  3  4
    8  9 10 11 12 13 14      5  6  7  8  9 10 11
 5  6  7  8  9 10 11
   15 16 17 18 19 20 21     12 13 14 15 16 17 18
12 13 14 15 16 17 18
   22 23 24 25 26 27 28     19 20 21 22 23 24 25
19 20 21 22 23 24 25
   29 30 31                 26 27 28
26 27 28 29 30 31
```

(En este ejemplo no se ha incluido todo, pero sirve para ver su funcionamiento) Entonces, ¿qué hace el programa? La primera línea importa calendar para lo cuál utiliza una nueva orden `import`.

La orden `import` carga un módulo (en este caso el módulo `calendar`). Las órdenes disponibles para cualquiera de los módulos estándar se pueden encontrar en la biblioteca de referencia para Python (si la ha descargado) o en http://docs.python.org/library/. Leyendo la documentación para el módulo de calendario podemos encontrar una función llamada prcal que devuelve el calendario para un año concreto. La línea `calendar.prcal(year)` utiliza esta función. En resumen, para utilizar un módulo a importar (`import`) y luego use `module_name.function` para ver las funciones del módulo. Otra forma de escribir el programa es:

```
from calendar import prcal

year = int(input("Escribir el año: "))
prcal(year)
```

Esta versión importa una función específica de un módulo. Aquí hay otro programa que utiliza la Biblioteca de Python (se puede denominar como clock.py) (presiona Ctrl + C a la vez para detener la ejecución del programa):

```
from time import time, ctime

prev_time = ""
while True:
    the_time = ctime(time())
    if prev_time != the_time:
        print("El día y la hora son:",
ctime(time()))
        prev_time = the_time
```

Algunos resultados con este ejemplo:

```
El día y la hora son: Sun Aug 20 13:40:04 2000
El día y la hora son: Sun Aug 20 13:40:05 2000
El día y la hora son: Sun Aug 20 13:40:06 2000
El día y la hora son: Sun Aug 20 13:40:07 2000

Traceback (innermost last):
  File "clock.py", line 5, in ?
    the_time = ctime(time())
```

```
KeyboardInterrupt
```

Los resultados son infinitos, y por lo tanto lo hemos cancelado (continúa hasta que pulsamos Ctrl + C). El programa simplemente hace un bucle infinito (True siempre es verdad, por lo que while True: sigue funcionando sin detenerse) y cada vez comprueba si la hora ha cambiado y escribe esta hora. Observe como los nombres múltiples después de la declaración de importación se encuentran en la línea `from time import time, ctime`.

La Biblioteca de Python tiene varias funciones útiles. Estas funciones dan a sus programas más posibilidades que pueden simplificar la programación en Python.

Ejercicios

Vuelva a escribir el programa high_low.py de la sección Decisiones usando un número entero aleatorio entre 0 y 99 en vez del número predeterminado "78". Utilice la documentación de Python documentation para encontrar el módulo y la función adecuados para hacerlo.

Solución

```
from random import randint
number = randint(0, 99)
guess = -1
while guess != number:
    guess = int(input ("Indique un numero: "))
    if guess > number:
        print("Demasiado grande")
    elif guess < number:
            print("Demasiado pequeño")
print("Es este")
```

Más sobre listas

Ya hemos visto cómo se usan las listas. Ahora que ya teneis más conocimientos sobre el tema podemos ver más en detalle las listas. Primero veremos más maneras de obtener elementos de una lista y como copiarlos.

Aquí hay algunos ejemplos sobre la utilización de los índices para acceder a un único elemento de una lista:

```
>>> algunos_numeros = ['cero', 'uno', 'dos',
'tres', 'cuatro', 'cinco']
>>> algunos_numeros[0]
'cero'
>>> algunos_numeros[4]
'cuatro'
>>> algunos_numeros[5]
'cinco'
```

Todos estos ejemplos os tendrían que ser familiares. Si quereis acceder al primer elemento de la lista únicamente teneis que fijaros en el índice 0. El segundo elemento corresponde al índice 1, y así ir avanzando. ¿Qué tenemos que hacer si queremos obtener el último elemento de la lista? Una manera podría ser usando la función `len()` de este modo `algunos_numeros[len(algunos_numeros) - 1]`. Esto funciona en base a que la función `len()` siempre devuelve el último índice más 1 (Lo que hace es devolver el número de elementos que tiene la lista, y entonces se tiene que tener en cuenta que el primer índice es el 0, y por lo tanto tenemos que restar 1). El penúltimo elemento lo podemos obtener con el código `algunos_numeros[len(algunos_numeros) - 2]`. Hay una manera más fácil de hacer esto. En Python el último elemento siempre es index -1. El penúltimo es index -2, y así sucesivamente.

Aquí hay algunos ejemplos:

```
>>> algunos_numeros[len(algunos_numeros) - 1]
'cinco'
```

```
>>> algunos_numeros[len(algunos_numeros) - 2]
'cuatro'
>>> algunos_numeros[-1]
'cinco'
>>> algunos_numeros[-2]
'cuatro'
>>> algunos_numeros[-6]
'cero'
```

De este modo cualquier elemento de la lista se puede indexar de dos maneras: desde el inicio y desde el final.

Otra manera útil de acceder a partes de listas es usando particiones. Aquí hay otro ejemplo para que tengais una idea de cómo se pueden usar:

```
>>> cosas = [0, 'Frío', 2, 'S.P.A.M.', 'Stocking',
42, "Jack", "Gill"]
>>> cosas[0]
0
>>> cosas[7]
'Gill'
>>> cosas[0:8]
[0, 'Frío', 2, 'S.P.A.M.', 'Stocking', 42, 'Jack',
'Gill']
>>> cosas[2:4]
[2, 'S.P.A.M.']
>>> cosas[4:7]
['Stocking', 42, 'Jack']
>>> cosas[1:5]
['Frío', 2, 'S.P.A.M.', 'Stocking']
```

La partición se usa para devolver una parte de una lista. El operador de partes se usa así: `cosas[primer_index:ultimo_index]`. La partición corta la lista antes del `primer_index` y detrás del `ultimo_index` y devuelve los elementos de la parte que hay en medio. Se pueden usar ambos tipo de indexación:

```
>>> cosas[-4:-2]
['Stocking', 42]
>>> cosas[-4]
'Stocking'
>>> cosas[-4:6]
```

```
['Stocking', 42]
```

Otro truco con las particiones es el index no especificado. Si no se especifica el primer índice, se asume que corresponde al inicio de la lista. Si no se especifica el último índice, entonces se incluye hasta el final de la lista. Aquí hay algunos ejemplos:

```
>>> cosas[:2]
[0, 'Frío']
>>> cosas[-2:]
['Jack', 'Gill']
>>> cosas[:3]
[0, 'Frío', 2]
>>> cosas[:-5]
[0, 'Frío', 2]
```

Aquí hay un programa de ejemplo, inspirado en HTML:

```
    poema = ["<B>", "Jack", "and", "Gill", "</B>",
"went", "up", "the",
            "hill", "to", "<B>", "fetch", "a", "pail",
"of", "</B>",
            "water"., "Jack", "fell", "<B>", "down",
"and", "broke",
            "</B>", "his", "crown", "and", "<B>",
"Gill", "came",
            "</B>", "tumbling", "after"]

    def get_bolds(texto):
        true = 1
        false = 0
        ## is_bold devuelve si actualmente se está
actuando sobre una parte del texto en negrita
        is_bold = false
        ## start_block es el índice de inicio, tanto de
los segmentos en negrita como de los que no.
        start_block = 0
        for index in range (len(texto)):
            ## Inicio del texto en negrita
            if texto[index] == "<B>":
                if is_bold:
                    print("Error: Negrita de más")
                ## devuelve "Not Bold:",
texto[start_block:index]
                is_bold = true
```

```
                start_block = index + 1
            ## Final del texto en negrita
            ## Recordais que el último número de una
partición es el índice posterior al
            ## último que se ha usado.
            if texto[index] == "</B>":
                if not is_bold:
                    print("Error: Cierra negrita de
más")
                print("Bold [", start_block, ":",
index, "]", texto[start_block:index])
                is_bold = false
                start_block = index + 1

    get_bolds(poema)
```

con la salida siguiente:

```
Bold [  1 :  4  ] ['Jack', 'and', 'Gill']
Bold [ 11 : 15 ] ['fetch', 'a', 'pail', 'of']
Bold [ 20 : 23 ] ['down', 'and', 'broke']
Bold [ 28 : 30 ] ['Gill', 'came']
```

La función get_bold() se aplica a una lista formada por palabras y etiquetas. Las etiquetas que busca son <B> -que inicia el texto en negrita- y </B> -que lo cierra-. La función get_bold() busca las etiquetas de inicio y final en todo el texto.

La siguiente característica de las listas que veremos es la posibilidad de hacer copias. Se puede probar algo sencillo cómo:

```
>>> a = [1, 2, 3]
>>> b = a print(b)
>>>
[1, 2, 3]
>>> b[1] = 10
>>> print(b)
[1, 10, 3]
>>> print(a)
[1, 10, 3]
```

Probablemente esto puede parecer forzado ya que haciendo una modificación a b resulta que también queda modificado a. Lo que

ha pasado es que la declaración b = a hace de b una *referencia* de
a. Esto quiere decir que b se convierte en otra manera de
denominar a. A partir de este momento, cualquier modificación
de b cambia también a a. (Una "referencia" vincula los dos
elementos, de forma que lo que le pasa a uno, le pasa al otro. Una
"copia" genera otro elemento igual, pero independiente).

De todos modos algunas asignaciones no crean dos nombres
para una lista:

```
>>> a = [1, 2, 3]
>>> b = a * 2
>>> print(a)
[1, 2, 3]
>>> print(b)
[1, 2, 3, 1, 2, 3]
>>> a[1] = 10
>>> print(a)
[1, 10, 3]
>>> print(b)
[1, 2, 3, 1, 2, 3]
```

En este caso b no es una referencia de a puesto que la
expresión a * 2 crea una lista nueva. Entonces la declaración b =
a * 2 da a b una referencia respecto a * 2 y no una referencia a a.
Todas las operaciones de asignación crean una referencia. Al pasar
una lista de argumento a la función se crea también una referencia.
La mayoría de las veces no hay que preocuparse de crear
referencias en vez de copias. De todos modos cuando sea necesario
hacer modificaciones en una lista sin cambiar el nombre de la lista
se tiene que hacer asegurándose de haber creado una copia.

Hay varias maneras de hacer una copia de una lista. La más
simple, que funciona en la mayoría de casos es el operador de
particiones puesto que siempre hace una lista nueva incluso si es
una partición de toda una lista:

```
>>> a = [1, 2, 3]
>>> b = a[:]
>>> b[1] = 10
>>> print(a)
```

```
[1, 2, 3]
>>> print(b)
[1, 10, 3]
```

Usando la partición `[:]` se crea una copia nueva de la lista. De todos modos sólo copia la lista exterior. Cualquier lista secundaria en el interior sigue siendo una referencia a la sublista, de la lista original. Por lo tanto, cuando la lista contiene listas, las listas internas se tienen que copiar también. Se podría hacer manualmente pero Python ya tiene un módulo para hacerlo. Se tiene que usar la función `deepcopy` del módulo `copy`:

```
>>> importe copy
>>> a = [[1, 2, 3], [4, 5, 6]]
>>> b = a[:]
>>> c = copy.deepcopy(a)
>>> b[0][1] = 10
>>> c[1][1] = 12
>>> print(a)
[[1, 10, 3], [4, 5, 6]]
>>> print(b)
[[1, 10, 3], [4, 5, 6]]
>>> print(c)
[[1, 2, 3], [4, 12, 6]]
```

Ante todo hay que fijarse en que `a` es una lista de listas. Y después en que cuando se ejecuta `b[0][1] = 10`, se aplica tanto a a comom a `b`, y no a `c`. Esto pasa porque las matrices interiores siguen siendo referencias cuando se usa el operador de partición. Aún así con `deepcopy` `c` es una copia de `a` ..

Por lo tanto, ¿nos tenemos que preocupar por las referencias cada vez que se usa una función o `=`? La buena noticia es que esta preocupación sólo está cuando se usan diccionarios y listas. Los números y las cadenas de texto crean referencias cuando se asignan, pero cada operación matemática o sobre cadenas de texto crea una copia nueva, de forma que nunca quedarán modificados de manera inesperada. Sólo se tiene que tener en cuenta la cuestión de las referencias cuando se esté modificando una lista o diccionario.

A estas alturas probablemente la pregunta debe de ser, ¿por qué se usan las referencias? El motivo básico es la velocidad. Es mucho más rápido hacer una referencia a una lista con un millar de elementos que no copiarlos todos. El otro motivo es que esto permite tener una función que modifique una lista para que aparezca en un formulario o un diccionario. Sólo recordaremos las referencias cuando aparezca algún problema extraño con datos cambiados cuando no se tendrían que haber cambiado.

La venganza de los Strings

A continuación se presenta un buen truco que se puede hacer con las cadenas:

```
def deletrea(cadena):
    for caracter in cadena:
        print("Dame una " + caracter)
        print("'" + caracter + "'")

deletrea("Basta")

def medio(cadena):
    print("El carácter del medio es:",
cadena[len(cadena) // 2])

medio("abcdefg")
medio("Lenguaje de programación Python")
medio("Pez")
```

Y el resultado es:

```
Dame una P
'P'
Dame una r
'r'
Dame una o 'o'
'o'
Dame una uno
'uno'
El caracter del medio es: d
El caracter del medio es: r
El caracter del medio es: e
```

Lo que demuestra este programa es que las cadenas son parecidas a las listas de varias maneras. La función `deletrea()` muestra que se pueden usar los bucles `for` con cadenas tal como se pueden usar con listas. La función `medio()` muestra que las cadenas también pueden usar la función `len()` así como índice de listas y rebanadas. La mayoría de las características de las listas también funcionan con las cadenas.

El siguiente programa muestra algunas características específicas de las cadenas:

```python
def pasa_a_mayusculas(cadena):
    ## Transforma una cadena pasando todos los
caracteres a mayúsculas
    mayuscula = ""
    for caracter in cadena:
        if 'a' <= caracter <= 'z':
            lugar = ord(caracter) - ord('a')
            nuevo_ascii = lugar + ord('A')
            caracter = chr(nuevo_ascii)
        mayuscula = mayuscula + caracter
    return mayuscula

print(pasa_a_mayusculas("Un texto cualquiera"))
```

la salida es:

```
UN TEXTO CUALQUIERA
```

Esto funciona porque el ordenador representa los caracteres de una cadena como números de 0 hasta 1.114.111. Por ejemplo 'A' es 65, 'B' es 66 y א es 1488. Los valores son los códigos unicode. Python tiene una función llamada `ord()` (abreviatura de ordinal) que devuelve el código de un carácter. También hay la función inversa correspondiente llamada `chr()` que transforma un número en el carácter que codifica. Teniendo esto en cuenta, el programa tendría que empezar a quedar claro. El primer detalle es la instrucción: `if 'a' <= caracter <= 'z':` que comprueba que el caracter sea una letra minúscula. Si lo es entonces se ejecutan las líneas siguientes. Primero se transforma en su posición relativa a la letra *a con* la instrucción `lugar = ord(caracter) - ord('a')` de forma que a = 0, b = 1, c = 2 y así. A continuación se encuentra el nuevo valor con la instrucción `nuevo_ascii = lugar + ord('A')`. Este valor se vuelve a convertir en un carácter que ahora será una letra mayúscula. Tened en cuenta que con la práctica no se tiene que hacer esto, se puede usar `mayuscula=caracter.upper()` que también funciona para los caracteres especiales como las letras con acento o diéresis y por todos los idiomas.

Ahora algunos ejercicios interactivos:

```
>>> # Entero a cadena
>>> 2
2
>>> repr(2)
'2'
>>> -123
-123
>>> repr(-123)
'-123'
>>> `123`
'123'
>>> # Cadena a entero
>>> "23"
'23'
>>> int("23")
23
>>> "23" * 2
'2323'
>>> int("23") * 2
46
>>> # Coma flotante a cadena
>>> 1.23
1.23
>>> repr(1.23)
'1.23'
>>> # Coma flotante a entero
>>> 1.23
1.23
>>> int(1.23)
1
>>> int(-1.23)
-1
>>> # Cadena a coma flotante
>>> float("1.23")
1.23
>>> "1.23"
'1.23'
>>> float("123")
123.0
>>> `float("1.23")`
'1.23'
```

Si todavía no lo habéis adivinado, la función `repr()` transforma enteros a cadenas y la función `int()` transforma cadenas a enteros.

La función `float()` transforma cadenas a números de coma flotante. la función `repr()` devuelve una representación imprimible (una cadena) de algo. `` ` ... ` `` también transforma casi cualquier cosa en una cadena. Aquí hay algunos ejemplos:

```
>>> repr(1)
'1'
>>> repr(234.14)
'234.14'
>>> repr([4, 42, 10])
'[4, 42, 10]'
>>> `[4, 42, 10]`
'[4, 42, 10]'
```

La función `int()` intenta convertir una cadena (o un número de coma flotante) en un entero. También hay una función similar llamada `float()` que transforma un entero o una cadena en un número de coma flotante. Otra función que tiene Python es la función `eval()`. La función `eval()` coge una cadena y devuelve un dato del tipo que Python piensa que ha encontrado. Por ejemplo:

```
>>> v = eval('123')
>>> print(v, type(v))
123 <type 'int'>
>>> v = eval('645.123')
>>> print(v, type(v))
645.123 <type 'float'>
>>> v = eval('[1, 2, 3]')
>>> print(v, type(v))
[1, 2, 3] <type 'list'>
```

Si usais la función `eval()` os teneis que asegurar que devuelve el tipo que esperáis.

Una función de cadena útil es el método `split()`. He aquí un ejemplo:

```
>>> "Esto es un puñado de palabras".split()
['Esto', 'es', 'uno', 'puñado', 'de', 'palabras']
>>> texto = "Primer lote, segundo lote, tercero,
cuarto"
```

```
>>> texto.split(",")
['Primer lote', ' segundo lote', ' tercero', '
cuarto']
```

Fijaos que `split()` transforma una cadena en una lista de cadenas. Por omisión la cadena se parte por los espacios de lo contrario por la cadena que se haya entrado como argumento opcional (en este caso una coma). También se puede añadir otro argumento que indica cuántas veces se usará el separador para partir el texto. Por ejemplo:

```
>>> list = texto.split(",")
>>> len(list)
4
>>> list[-1]
' cuarto'
>>> list = texto.split(",", 2)
>>> len(list)
3
>>> list[-1]
' tercero, cuarto'
```

Rebanar cadenas (y listas)

Las cadenas se pueden cortar a pedazos — del mismo modo que se explico anteriormente — usando el "operador" para *rebanar* []. El operador para rebanar funciona del mismo modo que se indicó: texto[primer_index:ultimo_index] (en casos muy raros puede haber otros dos puntos y un tercer argumento, como en el ejemplo que se presenta abajo).

Para no confundirse con los números de índice, es más fácil verlos como *lugares de corte*, posibilidades de cortar una cadena en pedazos. Aquí hay un ejemplo que muestra los lugares de corte (en amarillo) y sus números de índice (rojo y morado) para una cadena de texto sencilla:

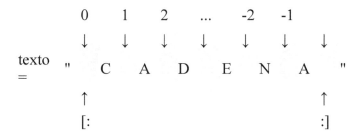

Fijaos que los índices rojos cuentan desde el inicio de la cadena y los morados desde el final hacia atrás. (fijaos que no existe el valor -0, cosa que podría parecer lógica al final de la cadena. Esto es debido a que $-0 == 0$, -0 también quiere decir "comienzo de la cadena"). Ahora ya estais preparados para usar los índices en operaciones de rebanar.

texto[1:4]	→	"CAD"
texto[:5]	→	"CADEN"
texto[:-1]	→	"CADEN"
texto[-4:]	→	"DENA"
texto[2]	→	"N"
texto[:]	→	"CADENA"
texto[::-1]	→	"ANEDAC"

texto[1:4] da todo el texto de la cadena entre los lugares de corte 1 y 4, "CAD". Si se omite uno de los argumentos [primer_índice:ultimo_index], por omisión se obtiene el comienzo o el final de la cadena: texto[:5] da "CADEN". Tanto por el primer_índice como por el ultimo_index pueden usar tanto el método de numeración rojo como el morado: texto[:-1] da el mismo resultado que texto[:5], porque en este caso el índice -1 es el mismo lugar que el 5. Si no se usa un argumento y dos puntos, el número se trata de una manera diferente: texto[2] da un único carácter que es el que se encuentra detrás del segundo lugar de corte, "N". El operador de rebanar especial texto[:] quiere decir "del comienzo al final" y genera una copia de toda la cadena (o lista, como se ha visto al capítulo anterior).

Para acabar y no menos importante, la operación de rebanar puede tener un segundo símbolo de dos puntos y un tercer argumento, que se interpreta como "medida del paso": `texto[::-1]` es `texto` del comienzo al final, con una medida de paso de -1. -1 quiere decir "cada carácter, pero al reves". `"CADENA"` a la inversa es `"ANEDAC"`.

Todas estas operaciones de rebanar también funcionan con listas. En este sentido las cadenas son sólo un caso especial de listas, donde los elementos de la lista son caracteres. Sólo hay que recordar el concepto de lugares *de corte* y los índices para rebanar cosas para evitar confusiones.

Ejemplos

```python
# This program requires a excellent understanding
of decimal numbers
def to_string(in_int):
    """Converts an integer to a string"""
    out_str = ""
    prefijo = ""
    if in_int < 0:
        prefijo = "-"
        in_int = -in_int
    while in_int // 10 != 0:
        out_str = str(in_int % 10) + out_str
        in_int = in_int // 10
    out_str = str(in_int % 10) + out_str
    return prefijo + out_str

def to_int(in_str):
    """Converts a string to an integer"""
    out_num = 0
    if in_str[0] == "-":
        multiplier = -1
        in_str = in_str[1:]
    else:
        multiplier = 1
    for c in in_str:
        out_num = out_num * 10 + int(c)
    return out_num * multiplier

print(to_string(2))
print(to_string(23445))
```

```
print(to_string(-23445))
print(to_int("14234"))
print(to_int("12345"))
print(to_int("-3512"))
```

La salida es:

```
2
23445
-23445
14234
12345
-3512
```

Entrada-Salida con ficheros

Aquí hay un ejemplo sencillo de entrada/salida (Y/O) desde o hacia un fichero:

```
# Escribir un fichero
fichero_salida = open("prueba.txt", "wt")
fichero_salida.write("Este texto va hacia un
fichero externo\n Miradlo y lo vereis!")
fichero_salida.close()

# Leer un fichero
fichero_entrada = open("prueba.txt", "rt")
texto = fichero_entrada.read()
fichero_entrada.close()

print(texto)
```

La salida y los contenidos del fichero `prueba.txt` son:

```
Este texto va hacia un fichero externo
Miradlo y lo vereis!
```

Fijaos que ha escrito un fichero denominado `prueba.txt` al directorio desde dónde habeis ejecutado el programa. El \n a la cadena de caracteres indica al lenguaje Python que hay que poner un salto de línea (*n*ew line) en el lugar donde hay el \n.

Una visión de conjunto del proceso de Entrada/salida es:

- Obtener un objeto de tipo fichero con la función `open`.
- Leer o escribir al objeto de tipo fichero (dependiendo de cómo se ha abierto)
- Cerrarlo

El primer paso es obtener un objeto fichero. La manera de hacerlo es usando la función `open`. Su formato es `objeto_fichero = open(nombre_del_fichero, modo)` donde `objeto_fichero` es el nombre de la variable donde se almacenará el objeto de tipo fichero, `nombre_del_fichero` es una cadena con el nombre del fichero, y modo es `"rt"` para leer (*r*ead) el fichero como *t*ext o bien `"wt"` para escribir (*w*rite) el fichero como *t*ext (y unos cuántos más que ahora nos saltaremos). A continuación se pueden invocar las funciones del objeto fichero. Las dos funciones más frecuentes son: `read` (leer) y `write` (escribir). La función `write` añade una cadena al final de fichero. La función `read` lee lo siguiente que encuentra al fichero y lo devuelve como una cadena. Si no se le da ningún argumento devolverá el fichero entero (tal como se ha hecho en el ejemplo).

A continuación hay una nueva versión del programa de los números de teléfono que se ha hecho en capítulos anteriores:

```
def imprime_numeros(numeros):
    print("Números de teléfono:")
    for k, v in numeros.items():
        print("Nombre:", k, uno"\tNúmero:", v)
    print()

def añadir_numero(numeros, nombre, numero):
    numeros[nombre] = numero

def buscar_numero(numeros, nombre):
    if nombre in numeros:
        return "El número es " + numeros[nombre]
    else:
        return "No se ha encontrado " + nombre

def sacar_numero(numeros, nombre):
    if nombre in numeros:
        del numeros[nombre]
    else:
        print("no se ha encontrado ", nombre)

def carga_numeros(numeros, nombre_del_fichero):
    fichero_entrada = open(nombre_del_fichero,
"rt")
    while True:
        linea_entrada = fichero_entrada.readline()
        if not linea_entrada:
            break
        linea_entrada = linea_entrada[:-1]
```

```
        nombre, numero = linea_entrada.split(",")
        numeros[nombre] = numero
    fichero_entrada.close()

def graba_numeros(numeros, nombre_del_fichero):
    fichero_salida = open(nombre_del_fichero, "wt")
    for k, v in numeros.items():
        fichero_salida.write(k + "," + v + "\n")
    fichero_salida.close()

def imprime_menu():
    print(uno'1. Imprimir Números de teléfono')
    print(uno'2. Añadir un Número de teléfono')
    print(uno'3. Eliminar un Número de teléfono')
    print(uno'4. Buscar un Número de teléfono')
    print(uno'5. Cargar números')
    print(uno'6. Grabar números')
    print(uno'7. Salir')
    print()

lista_de_numeros = {}
elige_menu = 0
imprime_menu()
while True:
    elige_menu  = int(input("Escribir un número (1-
7): "))
    if elige_menu  == 1:
        imprime_numeros(lista_de_numeros)
    elif elige_menu  == 2:
        print("Añadir Nombre y Número")
        nombre = input("Nombre: ")
        telefon = input("Número: ")
        añadir_numero(lista_de_numeros, nombre,
telefon)
    elif elige_menu  == 3:
        print("Eliminar Nombre y Número")
        nombre = input("Nombre: ")
        sacar_numero(lista_de_numeros, nombre)
    elif elige_menu  == 4:
        print("Buscar Número")
        nombre = input("Nombre: ")
        print(buscar_numero(lista_de_numeros,
nombre))
    elif elige_menu  == 5:
        nombre_del_fichero = input("Nombre del
Fichero a cargar: ")
        carga_numeros(lista_de_numeros, filename)
```

```
        elif elige_menu  == 6:
            nombre_del fichero = input("Nombre del
fichero donde grabarlos: ")
            save_numbers(lista_de_numeros,
nombre_del_fichero)
        elif elige_menu  == 7:
            break
        else:
            imprime_menu()

    print("Páselo bien")
```

Fijaos que incluye grabar y cargar ficheros. Aquí hay algunos resultados de ejecutarlo dos veces:

```
1. Imprimir Números de teléfono
2. Añadir un Número de teléfono
3. Eliminar un Número de teléfono
4. Buscar un Número de teléfono
5. Cargar números
6. Grabar números
7. Salir
Escribir un número (1-7): 2
Añadir Nombre y Número
Nombre: Gill
Número: 1234
Escribir un número (1-7): 2
Añadir Nombre y Número
Nombre: Frío
Número: 4321
Escribir un número (1-7): 1
Números de teléfono:
Nombre: Gill      Número: 1234
Nombre: Frío      Número: 4321

Escribir un número (1-7): 6
Nombre del fichero donde grabarlos: números.txt

Escribir un número (1-7): 7
Páselo bien
1. Imprimir Números de teléfono
2. Añadir un Número de teléfono
3. Eliminar un Número de teléfono
4. Buscar un Número de teléfono
5. Cargar números
6. Grabar números
```

```
7. Salir

Escribir un número (1-7): 5
Nombre del Fichero a cargar: números.txt

Escribir un número (1-7): 1
Números de teléfono:
Nombre: Gill       Número: 1234
Nombre: Frío       Número: 4321

Escribir un número (1-7): 7
Páselo bien
```

Los pedazos nuevos de este programa son:

```
def carga_numeros(numeros, nombre_del_fichero):
    fichero_entrada = open(nombre_del_fichero,
"rt")
    while True:
        linea_entrada = fichero_entrada.readline()
        if not linea_entrada:
            break
        linea_entrada = linea_entrada[:-1]
        nombre, numero = linea_entrada.split(",")
        numeros[nombre] = numero
    fichero_entrada.close()

def graba_numeros(numeros, nombre_del_fichero):
    fichero_salida = open(nombre_del_fichero, "wt")
    for k, v in numeros.items():
        fichero_salida.write(k + "," + v + "\n")
    fichero_salida.close()
```

Primero observar la parte de grabar del programa. Primero crea un objeto de tipo fichero con la instrucción `open(nombre_del_fichero, "wt")`. Se crea una línea para cada número de teléfono con la instrucción `fichero_salida.write(x + "," + numeros[x] + "\n")`. Esto escribe una línea que contiene el nombre, una coma, el número y a continuación un salto de línea.

La parte de carga es algo más complicada. Empieza por obtener un objeto de tipo fichero. Entonces usa un bucle `while True:` para ir repitiendo el proceso hasta que se encuentre una instrucción `break`. Entonces obtiene una línea con la instrucción `linea_entrada = fichero_entrada.readline()`. La función `readline` devuelve una cadena vacía cuando se llega a un final de fichero. La instrucción `if` lo vigila y cuando esto pasa sale del bucle `while` ejecutando una instrucción `break`. Está claro, si la función `readline` no devolviera un código *newline* al final de cada línea no habría manera de saber si una cadena vacía es una línea vacía o el final del fichero por lo tanto se deja que el código *newline* sea el que devuelve la instrucción `readline`. Por lo tanto hace falta eliminarlo. La línea `linea_entrada = linea_entrada[:-1]` hace precisamente esto en base de descartar el último carácter. Entonces la línea `nombre, numero = linea_entrada.split(",")` parte la línea en el lugar donde hay la coma en un nombre y un número. Entonces esto se añade al diccionario `numeros`.

Haciendo frente a las imperfecciones

...o cómo manejar los errores

Así que teneis el programa perfecto, funciona impecablemente, sacando un detalle, estallará si el usuario introduce datos inválidos. No os asusteis, en Python hay una estructura de control especial para vosotros. Se denomina `try` y prueba algo. Aquí hay un ejemplo de un programa con un problema:

```
print("Teclear Control C o -1 para salir")
numero = 1
while numero != -1:
    numero = int(input("Teclear un número: "))
    print("Habeis introducido:", numero)
```

Fijaos cómo cuando tecleais `@#&` da algo del estilo:

```
Traceback (most recient call last):
  Hilo "prueba.py", line 4, in <>
    modulo numero = int(input("Teclear un número:
"))
  ValueError: invalid literal for int() with base 10:
'\\@#&'
```

Cómo podeis ver a la función `int()` no le gusta el número `@#&` (como tiene que ser). La última línea muestra cuál es el problema; Python ha encontrado un `ValueError`. ¿Cómo puede tratar esto vuestro programa? Lo que podeis hacer es primero: poner la instrucción donde se puedan producir errores dentro de un bloque `try`, y segundo: decirle a Python cómo quereis manejar los `ValueErrors`. El siguiente programa hace esto:

```
print("Teclear Control C o -1 para salir")
numero = 1
while numero != -1:
    numero = int(input("Teclear un número: "))
```

```
print("Habeis introducido:", numero)
try:
    numero = int(input("Tecleáis un número: "))
    print("Habeis introducido:", numero)
except ValueError:
    print("Esto no era un número".)
```

Ahora cuando se ejecute el nuevo programa y se le entre @ # &
dirá "Esto no era un número". y continuará con lo que estaba
haciendo antes.

Cuando vuestro programa contenga algún error que sabeis como
manejar, introducis el código dentro de un bloque `try`, e introducís
la manera de manejar el error en el bloque `except`.

Ejercicios

Actualizar el último programa de números de teléfono (el del
capítulo Diccionarios) de forma que no de errores si un usuario
entra cualquier dato al menú.

PMF

¿Cómo puedo crear una interfaz gráfica con el python?

Puedes utilizar el TKinter a
http://www.python.org/topics/tkinter/ , el WXPython a
http://www.wxpython.org/ o bien el gtk a
http://www.pygtk.org/ . Para gráficos muy simples, puedes
utilizar los gráficos de tortuga, con `import turtle`

¿Como puedo crear un juego con Python?

El mejor método es probablemente el PYgame a
http://pygame.org/

¿Cómo creo un ejecutable a partir de un programa Python?

Respuesta corta: El Python es un lenguaje interpretado y
por lo tanto es imposible. La respuesta larga es que se
puede crear algo similar a un ejecutable cogiendo el
interpretador de Python y el fichero y juntándolos. Para
más información ver
http://www.python.org/doc/faq/programming/#how-can-y-
create-a-stand-alone-binary-from-a-python-script

No he encontrado respuesta en mi pregunta

Pídela en la página de discusión.

Bibliografía

Para la realización de este libro se han leído, consultado y contrastado la información con las siguientes fuentes:

Libros

Learning Python, de Mark Lutz
Non-Programmers Tutorial for Python, de Josh Cogliati

Páginas Web

www.wikipedia.org
www.wikibooks.org
www.python.org

Acerca del Autor

Ángel Arias

Ángel Arias es un consultor informático con más de 12 años de experiencia en sector informático. Con experiencia en trabajos de consultoría, seguridad en sistemas informáticos y en implementación de software empresarial, en grandes empresas nacionales y multinacionales, Ángel se decantó por el ámbito de la formación online, y ahora combina su trabajo como consultor informático, con el papel de profesor online y autor de numerosos cursos online de informática y otras materias.

Ahora Ángel Arias, también comienza su andadura en el mundo de la literatura sobre la temática de la informática, donde, con mucho empeño, tratará de difundir sus conocimientos para que otros profesionales puedan crecer y mejorar profesional y laboralmente.